06104 - 5782

Frau Richter - Rauch

Es tut weh
und wohl
nicht zu vergessen

Sabine Richter-Rauch – Initiative Stolpersteine Heusenstamm

Erscheinungsjahr: 2008
Druck: Imprenta, Obertshausen
Auflage: 700

ISBN: 978-3-00-023025-7

Für Ruth Frankfurter

Wenn ich ihr Bild anschaue, sehe ich mich
als Fünfjährige neben meinem Bruder
auf der Bank sitzen –
mit dunklem Lockenkopf, aber nicht ganz so
entschlossen.

Sabine Richter-Rauch

Wir danken

vor allem den Zeitzeugen, die bereit waren, mit uns über ihre Erinnerungen an die Juden, die sie kannten, zu sprechen. Sie haben mitgeholfen, Bilder zu finden und, was besonders wichtig war, die Personen zu identifizieren.

Frau Anna Bauer und ihrem Mann, Herrn August Bauer

Frau Heberer und ihrem Mann, Herrn Karl Heberer

Frau Johanna Helm

Frau Edeltrud Jakobsche

Frau Frieda Müller

Frau Susi Schimmer

Frau Käthe Schuhmacher und ihrem Mann, Herrn Anton Schuhmacher

Frau Selma Seipel

Frau Erna Vogel

Herrn B.

Dank an

Monica Kingreen vom Fritz-Bauer-Institut Frankfurt. Sie hat viele Informationen und Anregungen für die Recherche gegeben und wichtige Kontakte ermöglicht; darüber hinaus hat ihr kritisches Lesen mit dazu geführt, präziser zu beschreiben und den eigenen Blick zu hinterfragen.

Ingrid Enns und Anita Kremer. Sie haben die Arbeit kritisch begleitet und praktisch unterstützt.

Karl Rebell dafür, dass wir das Archiv der TSV mit den vorhandenen Dokumenten und Bildern nutzen konnten.

Heinz Scherer vom Hauptamt der Stadt Heusenstamm und Ernst Hans Scheuern vom Stadtarchiv sowie die Damen und Herren aus dem Standesamt und das Bildarchiv Heusenstamm, die die Arbeit unbürokratisch unterstützt haben.

den Heimat- und Geschichtsverein Heusenstamm für seine organisatorische Hilfe

Gunter Neefe, der uns freundlicher Weise die Bilder der Stolpersteine überlassen hat.

die Schülergruppe des Adolf-Reichwein-Gymnasiums, die mit ihrem Lehrer Andreas Kurbel in Buchenwald war und uns Dokumente zur Verfügung stellte.

die Spender des Stolperstein-Projektes, die die Arbeit finanziell ermöglicht haben.

den Kreis Offenbach, der sich ebenfalls an der Finanzierung der Publikation beteiligt hat.

„Sie wohnten neben uns“

Die jüdischen Familien in Heusenstamm zwischen 1930 und 1945

Sabine Richter-Rauch
unter Mitarbeit von Gisela Beez

Inhalt

Bild 1: Stolpersteinverlegung in Heusenstamm am 7. März 2007 vor dem Haus in der Schulstr. 3 mit Schülern der 4. Grundschulklassen der Adalbert-Stifter-Schule

Sich erinnern

In jeder Stadt gibt es Orte des Erinnerns. Da sind Friedhöfe, Denkmäler und Gedenktafeln, da gibt es Museen, die die Vergangenheit einer Stadt greifbar werden lassen – auch in unserer Stadt.

Am 7. März 2007 setzte der Kölner Künstler Gunter Demnig in Heusenstamm Stolpersteine zum Gedenken der jüdischen Bürger, die fast ausnahmslos Opfer des Holocaust geworden waren. Die Steine befinden sich nicht an herausgehobenen Orten, sondern sie liegen überall dort, wo die Opfer einmal zu Hause waren, wo sie mit ihren Familien wohnten. Sie machen augenfällig, dass es Nachbarn waren, die verschleppt und ermordet wurden, Spielkameraden der Kinder, Freunde aus dem Turnverein. Verlegt in den Bürgersteig vor den Wohnhäusern lassen sie uns auf unseren alltäglichen Wegen stolpern, „nicht mit den Füßen", wie es ein 10-Jähriger ausdrückte, „sondern mit dem Kopf und mit dem Herzen".

Auf den Messingtafeln der Steine finden sich Geburts- und Todesdaten, so man sie weiß, knappe Hinweise auf das Schicksal und die N a m e n der Opfer.

Über die Steine zu stolpern heißt auch, innezuhalten, nachzudenken, Erinnerungen wachzurufen und Fragen zu stellen: Wer waren die Menschen, an die hier erinnert werden soll? Wie lebten sie in diesem Ort in dieser Zeit? Wer weiß noch von ihnen?

Diesen Fragen nachgehend entstand die Broschüre. Sie stützt sich auf Recherchen, die wir zu Beginn der 80er Jahre in Heusenstamm vornahmen[1], korrigiert diese teilweise und erweitert sie durch neue und genauere Untersuchungen. Die Arbeit stellt die jüdischen Heusenstammer, die zwischen den beiden Weltkriegen in Heusenstamm lebten, in den Mittelpunkt.

Was bleibt von Menschen außer den wichtigen Daten ihres Lebens und Sterbens, wenn niemand sich mehr erinnert, niemand mehr da ist, der sich erinnern könnte?

In amtlichen Registern und Archiven finden wir Hinweise. Bei den Juden in Deutschland zur Zeit des Nationalsozialismus ist es die Judenkartei und es sind die endlosen

1 Vgl. Beez, Gisela und Fischer, Brigitte (Hrsg.): Spurensuche – NS-Zeit in Heusenstamm, 1990

Listen im Zusammenhang mit der Vernichtungsmaschinerie; dann – nach 1960 – die Gedenkbücher, aus denen wir erfahren können, wer welchen Tod gestorben ist.

Und dann gibt es persönliche Dokumente: Die Menschen hinterlassen Bilder. Die, die wir finden konnten, sind überwiegend „offiziell entstandene", wie Einschulungs- oder Entlassungsfotos, selten sind es private Fotos. Es gibt Schriften, Erinnerungsnotizen, Tagebücher, Briefe. Sie geben vieles vom Alltag der Menschen preis. Sie spiegeln Erfahrungen, zeigen Gedanken und Gefühle, die die Menschen beschäftigten und bewegten.

Aber: Schreiben ist in stärker dörflich strukturierten Umgebungen wie im Heusenstamm vor dem 2. Weltkrieg wenig verbreitet, nicht selbstverständlich. Die Menschen brauchen fast alle Kräfte für das tägliche Leben.

Und: Hier sprechen wir über Menschen, denen die Nationalsozialisten in peinlich dosierter Abfolge alles genommen haben: ihre Berufsmöglichkeiten, ihren sozialen Status, ihre Wohnungen, ihr Leben. Auf der Flucht in immer beengtere Wohnungen, auch ins Exil nehmen sie nur lebensnotwendige Dinge mit. Überlebende, die etwas hätten aufbewahren können, konnte es kaum geben.

So sind wir über die Daten hinaus auf lebendige Erinnerungen als Quellen angewiesen. Aber was ist das, was in den Überlebenden zurückbleibt, im Kopf, in Gefühlen, was wir Erinnern nennen?

Erinnerungen wandeln sich. Lebensgeschichtliche Erinnerung ist immer eine Konstruktion aus Bruchstücken, die haften bleiben. Und unser Bewusstsein ist sehr daran interessiert zu sortieren, was Bestand haben darf, d.h., unsere Stellung in der Gegenwart bestimmt wesentlich, was wir erinnern und was nicht. Das betraf Jahrzehnte lang die „Erinnerungskultur" in der Bundesrepublik, wo plötzlich andere Werte galten, wo die eigene Person, die Familie etc. gefährdet schien durch all zu genaue Erinnerung. Schweigen war eine Form der Reaktion – die Geschichte zu modeln eine andere. Beides geschah ohne genaue Selbstreflexion und oft unbewusst.

Heute, 2007, mehr als 60 Jahre nach der nationalsozialistischen Herrschaft, stellt sich die Situation anders dar. Fast alle der damaligen Täter leben nicht mehr; die, die damals Kinder waren, sind heute zwischen 70 und 90 Jahre alt. Sie haben Erinnerungen, vielfach gefiltert über die Interpretation ihrer Eltern, Lehrer und anderer und sie wollen erzählen, an was sie sich noch erinnern, denn die Zeit bringt mit sich, dass auch frühe eigene Bilder im Kopf wieder schärfer werden. Es sind Splitter, die noch kein Bild von einem Menschen abgeben – aber welche Aussage trifft einen Menschen in allen seinen Facetten?

Wir waren sehr froh, dass Menschen aus Heusenstamm bereit waren, über ihre damaligen Nachbarn und Schul- und Vereinsfreunde zu sprechen, uns Bilder zu zeigen. Überwiegend waren es Frauen, die mit uns sprachen. Ihnen allen danken wir herzlich. Ihre Erinnerungen ergänzen die Daten der Gedenkbücher des Holocaust, Listen von Deportation und Vernichtung, die die Archive beinhalten und die Grundlagen unserer Recherchen waren.

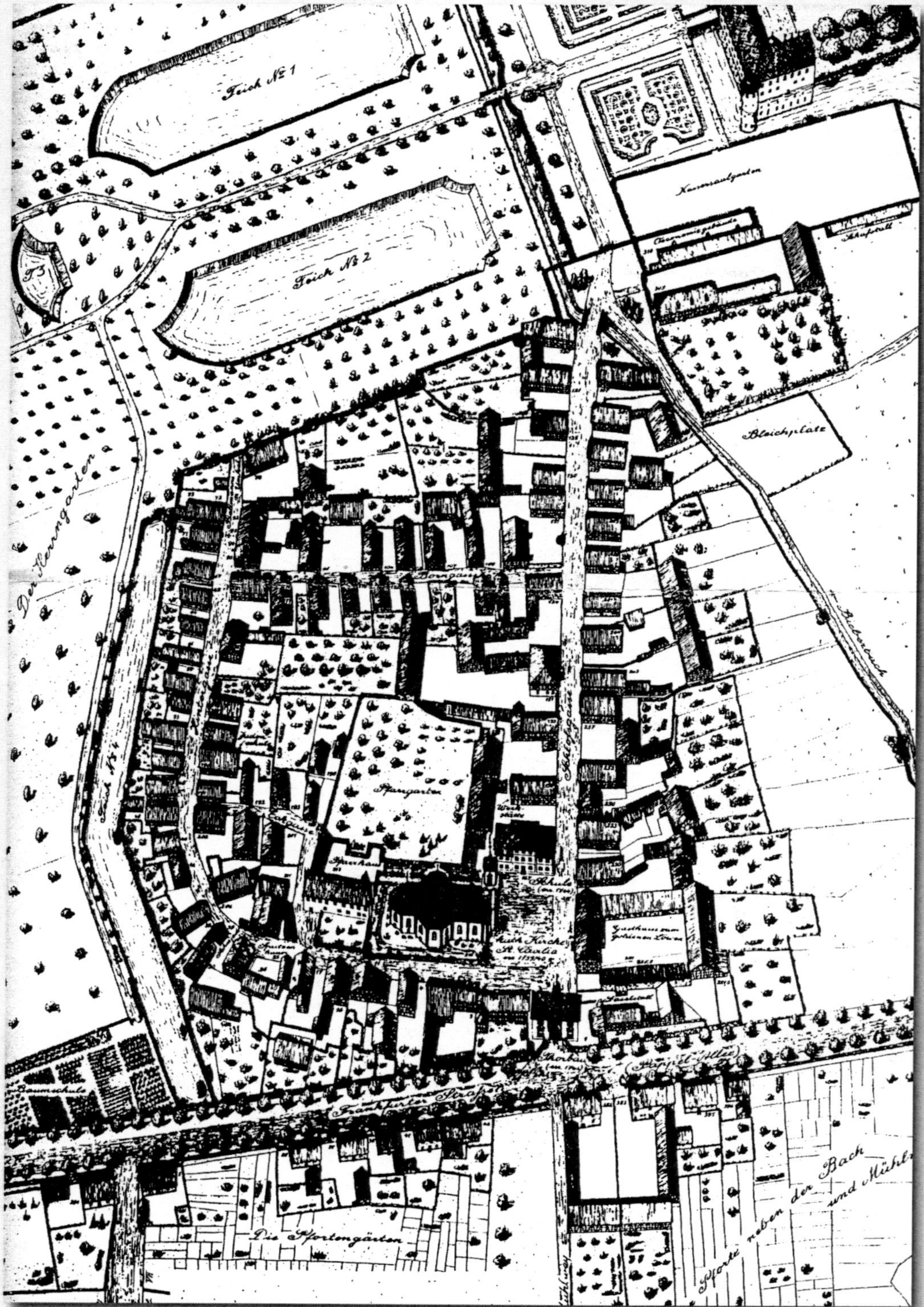

Bild 2: Ortskern Heusenstamm um 1843

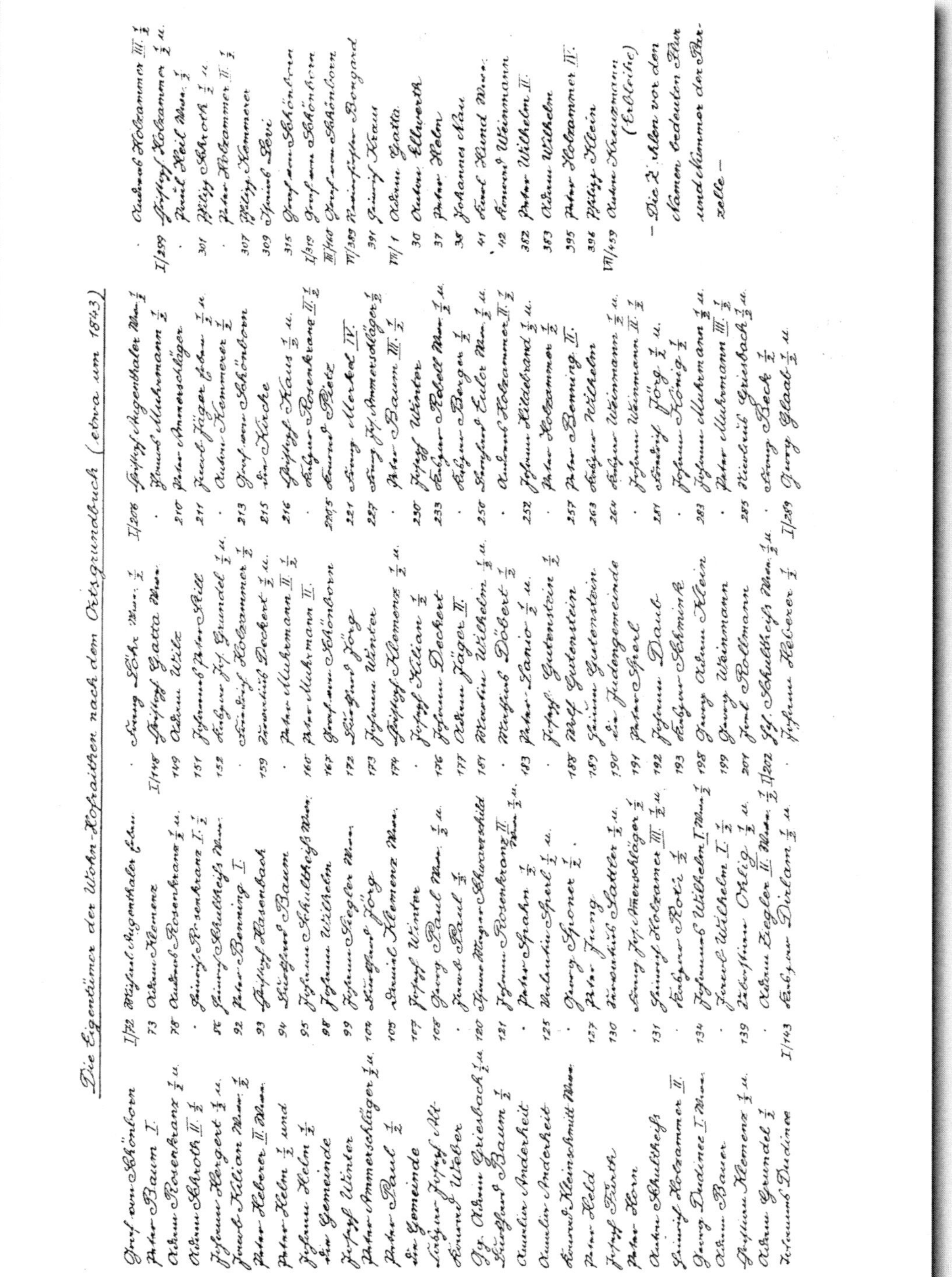

Die Eigentümer der Wohn-Hofraithen nach dem Ortsgrundbuch (etwa um 1843)

I/1 Graf von Schönborn
3 Peter Baum I.
4 Adam Rosenkranz $\frac{1}{2}$ u.
· Adam Schroth II. $\frac{1}{2}$
11 Johann Hergert $\frac{1}{2}$ u.
· Jacob Kilian Wwe. $\frac{1}{2}$
16 Peter Heberer II. Wwe.
17 Peter Helm $\frac{1}{2}$ und
· Johann Helm $\frac{1}{2}$
25 die Gemeinde
26 Joseph Winter
27 Peter Ammerschläger $\frac{1}{2}$ u.
· Peter Paul $\frac{1}{2}$
29 die Gemeinde
30 Erben Joseph Alt
38 Konrad Weber
42 Gg. Adam Griesbach $\frac{1}{2}$ u.
· Burkhard Baum $\frac{1}{2}$
46 Amalie Anderheit
48 Amalie Anderheit
49 Konrad Kleinschmitt Wwe.
51 Peter Held
53 Joseph Fürth
54 Peter Horn
59 Anton Schultheiß
61 Heinrich Holzammer II.
64 Georg Dudinec I. Wwe.
65 Adam Bauer
67 Christian Klemenz $\frac{1}{2}$ u.
· Adam Grundel $\frac{1}{2}$
I/71 Johannes Dudinec

I/72 Michael Augenthaler Erben
73 Adam Klemenz
78 Andreas Rosenkranz $\frac{1}{2}$ u.
· Heinrich Rosenkranz I. $\frac{1}{2}$
86 Heinrich Schultheiß Wwe.
92 Peter Benning I.
93 Christoph Hasenbach
94 Burkhard Baum
95 Johann Schultheiß Wwe.
98 Johann Wilhelm
99 Johann Ziegler Wwe.
104 Burkhard Jörg
105 Daniel Klemenz Wwe.
107 Joseph Winter
108 Georg Paul Wwe. $\frac{1}{2}$ u.
· Jacob Paul $\frac{1}{2}$
120 Isaac Mayer Schwarzschild
121 Johann Rosenkranz II. Wwe. $\frac{1}{2}$ u.
· Peter Spahn $\frac{1}{2}$
125 Valentin Sperl $\frac{1}{2}$ u.
· Georg Sponer $\frac{1}{2}$.
127 Peter Jung
130 Bernhard Sattler $\frac{1}{2}$ u.
· Georg Joh. Amerschläger $\frac{1}{2}$
131 Heinrich Holzamer III. $\frac{1}{2}$ u.
· Erben Roth $\frac{1}{2}$
134 Johannes Wilhelm I. Wwe. $\frac{1}{2}$
· Jacob Wilhelm I. $\frac{1}{2}$
139 Sebastian Ohlig $\frac{1}{2}$ u.
· Adam Ziegler II. Wwe. $\frac{1}{2}$
I/143 Erben Dirlam $\frac{1}{2}$ u.

· Georg Löhr Wwe. $\frac{1}{2}$
I/148 Christoph Gatta Wwe.
149 Adam Wilz
151 Johannes Peter Still
152 Erben Joh. Grundel $\frac{1}{2}$ u.
· Friedrich Holzammer $\frac{1}{2}$
159 Bernhard Deckert $\frac{1}{2}$ u.
· Peter Muhrmann II. $\frac{1}{2}$
160 Peter Muhrmann II.
167 Graf von Schönborn
172 Burkhard Jörg
173 Johann Winter
174 Christoph Klemenz $\frac{1}{2}$ u.
· Joseph Kilian $\frac{1}{2}$
176 Johann Deckert
177 Adam Jäger II.
181 Martin Wilhelm $\frac{1}{2}$ u.
· Mathias Döbert $\frac{1}{2}$
183 Peter Lanio $\frac{1}{2}$ u.
· Joseph Gutenstein $\frac{1}{2}$
188 Wolf Gutenstein
189 Haium Gutenstein
190 die Judengemeinde
191 Peter Sperl
192 Johann Daub
193 Erben Schmink
198 Georg Adam Klein
199 Georg Weinmann
201 Carl Rollmann
I/202 Joh. Schultheiß Wwe. $\frac{1}{2}$ u.
· Johann Heberer $\frac{1}{2}$

I/206 Christoph Augenthaler Wwe. $\frac{1}{2}$
· Konrad Muhrmann $\frac{1}{2}$
210 Peter Ammerschläger
211 Jacob Jäger Erben $\frac{1}{2}$ u.
· Anton Kemmerer $\frac{1}{2}$
213 Graf von Schönborn
215 die Kirche
216 Christoph Kaus $\frac{1}{2}$ u.
· Erben Rosenkranz II. $\frac{1}{2}$
220,5 Konrad Pietz
221 Georg Merkel IV.
227 Georg Joh. Ammerschläger $\frac{1}{2}$
· Peter Baum III. $\frac{1}{2}$
230 Joseph Winter
233 Erben Rebell Wwe. $\frac{1}{2}$ u.
· Erben Berger $\frac{1}{2}$
250 Bernhard Euler Wwe. $\frac{1}{2}$ u.
· Andreas Holzammer II. $\frac{1}{2}$
252 Johann Hildebrand $\frac{1}{2}$ u.
· Peter Holzammer $\frac{1}{2}$
257 Peter Benning II.
263 Erben Wilhelm
264 Erben Weinmann $\frac{1}{2}$ u.
· Johann Weinmann II. $\frac{1}{2}$
281 Friedrich Jörg $\frac{1}{2}$ u.
· Johann König $\frac{1}{2}$
283 Johann Muhrmann $\frac{1}{2}$ u.
· Peter Muhrmann III. $\frac{1}{2}$
285 Nicolaus Griesbach $\frac{1}{2}$ u.
· Georg Beck $\frac{1}{2}$
I/289 Georg Glaab $\frac{1}{2}$ u.

· Andreas Holzammer III. $\frac{1}{2}$
I/299 Christoph Holzammer $\frac{1}{2}$ u.
· Paul Heil Wwe. $\frac{1}{2}$
301 Philipp Schroth $\frac{1}{2}$ u.
· Peter Holzammer II. $\frac{1}{2}$
307 Philipp Kemmerer
309 Samuel Levi
315 Graf von Schönborn
I/319 Graf von Schönborn
III/460 Graf von Schönborn
VI/389 Kaiserhöfer Bongard
391 Heinrich Kraus
VII/1 Adam Gatta
30 Anton Ellwerth
37 Peter Helm
38 Johannes Nau
41 Karl Hund Wwe.
42 Konrad Weinmann
382 Peter Wilhelm II.
383 Adam Wilhelm
395 Peter Holzammer IV.
396 Philipp Klein
VII/459 Anton Kreuzmann (Erbleihe)

– Die Zahlen vor den Namen bedeuten Flur und Nummer der Parzelle –

Bild 3: Die Eigentümer der Wohn-Hofraithen nach dem Ortsgrundbuch um 1843

1.

Die Jüdische Gemeinde – eine mehr als 500-jährige Geschichte

Seit ungefähr 1450 lebten Juden in Heusenstamm[2] – dokumentiert 200 Jahre später in einem Briefwechsel zwischen dem Mainzer Erzbischof und Kaufmann von Cronstetten, dem damaligen Herrn über Heusenstamm. 1650 durften die Juden dann ihre eigene Synagoge errichten – die Beschwerde des örtlichen Pfarrers fand beim Landesherrn kein Gehör. Damit wurde die Heusenstammer Jüdische Gemeinde zum religiösen Mittelpunkt auch für Juden umliegender Orte.

Für die Erlaubnis, eine Synagoge, eine Schule und einen eigenen Friedhof zu unterhalten, verlangten die jeweiligen Landesherren neben hohen Schutz- und Schirmgeldern auch Naturalienleistungen und Botengänge. Neben dieser erkauften Duldung galten für die Juden – wie überall in Deutschland – viele Einschränkungen. So durften sie keinen Landbesitz haben und kein Handwerk ausüben. Dennoch waren sie Teil des Lebens in Heusenstamm.

Anfang des 19. Jahrhunderts erhielten die Juden den Status als gleichberechtigte Bürger, die keine Sonderabgaben mehr zahlen mussten und die als Handwerksmeister in einer Zunft aufgenommen werden konnten. In Heusenstamm musste sich die Erwerbstätigkeit der jüdischen Bevölkerung nicht mehr nur allein auf die Bereiche von Handel und Geldverleih beschränken. So wurden die Brüder Joel und Heium Rollmann im Zunftbuch als Metzgermeister bzw. Glasermeister geführt; die Juden nahmen Berufe wie Bäcker, Feintäschner oder Buchhalter an.

In der Mitte des 19. Jahrhunderts weist die Jüdische Gemeinde ihre größte Mitgliederzahl auf. Mit 90 von 1017[3] Personen stellt sie fast 10 % der Heusenstammer. Damit ist ihr Anteil auch höher als der der protestantischen Bevölkerung (52 Lutheraner und 8 Reformierte).

Mit der 1870 verstärkt einsetzenden Industrialisierung findet – gegenläufig zum Wachstum der Heusenstammer Bevölkerung insgesamt – eine Abwanderung in die Städte statt. Eine allgemeine Entwicklung spiegelt sich in den

---

2 Vgl. zum Folgenden: Dittrich, A.: Aus der Geschichte der jüdischen Kultusgemeinde in Heusenstamm, Heusenstamm 1989, Paul Arnsberg, Die jüdischen Gemeinden in Hessen, Darmstadt 1979

3 Volkszählung vom 3.12.1846, Stadtarchiv Heusenstamm (StA Heusenstamm)

Heusenstammer Zahlen wider: Die seit der Reichsgründung garantierte Freizügigkeit im Deutschen Reich nutzen insbesondere Juden als Mittel des sozialen Aufstiegs[4]. In Heusenstamm sind es vor allem junge Gemeindemitglieder, die ihre Chance nutzen wollen. Manchmal sind es auch ganze Familien, die in die Stadt ziehen und einen Neuanfang wagen. Hier ist stellvertretend die Familie Doiny zu nennen, die seit Generationen in Heusenstamm lebte und mit Kurzwaren- und Altwarenhandel ihren Lebensunterhalt verdiente. Die Brüder Alex und Samuel Doiny ziehen Anfang des vorigen Jahrhunderts nach Offenbach und betreiben dort ein Manufakturwarengeschäft im Kleinen Biergrund. Der elterliche Besitz in Heusenstamm wird wahrscheinlich vermietet.[5]

Zurück bleiben Familien, die hier einen Handwerksbetrieb unterhalten und dabei ihr Auskommen finden und die Alten, die – verwurzelt in Heusenstamm – den Umzug scheuen, ihre Lebensart und ihre religiösen Traditionen wahren wollen. 1891 klagt der jüdische Gemeindevorsteher über einen Rückgang der Mitgliederzahl um mehr als die Hälfte auf 38 und über die große Zahl derer, die die Gemeindeumlagen nicht mehr aufbringen können.

Bild 4: Das Haus in der Kirchstraße 20, hinter der Hofeinfahrt befand sich der Synagogenraum im Hintergebäude

4 Vgl. Lowenstein, Steven M. u.a., Deutsch-jüdische Geschichte in der Neuzeit, Bd. 3, München 1997, S. 28 f

5 Im Zuge der von den Nationalsozialisten erzwungenen Zwangsenteignungen jüdischen Grundbesitzes muss Alex Doiny den Heusenstammer Hausbesitz „verkaufen". Die Brüder werden nach Darmstadt verschleppt, von dort am 27. September 1942 ins Ghetto Theresienstadt deportiert. Sie überleben das Lager nicht. Joseph Doiny, dem Sohn von Alex, gelingt es, Ende November 1938 nach New York auszuwandern. Quelle: Stadtarchiv Offenbach, mit freundlicher Genehmigung

Bild 5: Deutsches Turnfest 1908, Isidor Frankfurter als Fahnenträger

„Aus Hessen. Am 13. dieses Monats feiern die Eheleute Is. Frankfurter und Bertha geb. Rohrheimer das Fest der silbernen Hochzeit. Nicht nur bei der jüdischen, sondern auch bei der christlichen Einwohnerschaft Heusenstamms erfreut sich der Jubilar und die Jubilarin einer allgemeinen Beliebtheit. Schon seit vielen Jahren wird er von den Mitgliedern des Turnvereins in den Vorstand gewählt und wurde ihm das Kleinod des Vereins, die Fahne, anvertraut, die er auch bei den Turnfesten zu Hamburg und wiederholt in Nürnberg vorangetragen. Herr Frankfurter bekleidet ferner auch das Amt eines 2. Vorstehers in der Gemeinde und verstand es, die Interessen der Gemeinde jederzeit aufs beste zu vertreten. Möge dem Jubelpaare einstens die goldene beschieden sein." Artikel im „Frankfurter Israeliten Familienblatt" vom 14. Dezember 1903

2.

Sie wohnten nebenan

Heusenstamm war vor dem 2. Weltkrieg mit ungefähr 3300 Einwohnern ein kleiner Ort, der den heutigen Altstadtkern umfasste[6]. Ausdehnungen gab es in die Bereiche südlich der Frankfurter Straße und entlang der Frankfurter Straße vom Friedhof im Osten bis zur Alten Linde im Westen.

Bis auf das Haus der Familie Reinhardt in der Feldstraße befanden sich alle anderen Häuser, in denen Juden lebten, im Bereich der engeren Altstadt nördlich der Frankfurter Straße. Die meisten jüdischen Bürger wohnten in der Nähe der Synagoge in der Kirchstraße, einem schmalen, eingeschossigen Gebäude, in dem der hintere Teil als Betsaal genutzt wurde. Auf knapp 35 Quadratmetern waren 34 Männer- und 12 Frauenplätze eingerichtet, die auch von Juden der umliegenden Orte genutzt wurden.

Kurz vor der Machtübernahme der Nationalsozialisten wohnten in Heusenstamm 30 jüdische Bürger – noch nicht einmal ein Prozent der Bevölkerung. Mehr als 80 % der Heusenstammer waren katholisch und hatten eine enge Bindung an die Kirche. Dies drückte sich auch in den Wahlergebnissen aus. Bei den letzten freien Wahlen im November 1932 wurde das Zentrum, die Partei des politischen Katholizismus mit ausgeprägter konservativer Grundhaltung, stärkste Partei in Heusenstamm.[7] Die NSDAP erreichte mit 11 % der Stimmen nicht einmal ein Drittel ihres Ergebnisses auf Reichsebene.[8]

Die Mehrzahl der insgesamt sieben jüdischen Familien lebte schon seit vielen Generationen hier. Hierzu zählten die Familien Schönmann, Rollmann und Gutenstein.[9] Meist gehörte der jüdischen Familie das Haus, in dem sie wohnte. Darüber hinaus besaßen die Familien einige kleine Äcker und etwas Gartenland. Ansonsten verfügten sie über kein nennenswertes Vermögen. Von den Erwerbstätigen waren zwei Fünftel

---

6 Vgl. zum Folgenden: Beez, Fischer a.a.O.

7 Wahlergebnisse Nov. 1932 in Heusenstamm: Zentrum 35 %, KPD 27 %, SPD 23 %, NSDAP 11 % aus: Offenbacher Zeitung vom 7.11.1932, Stadtarchiv Offenbach

8 Wahlergebnisse Nov. 1932 im Deutschen Reich: Zentrum 12 %, KPD 17 %, SPD 21 %, NSDAP 34 % aus: ebenda

9 A. Dittrich, a.a.O.

Bild 6: Turnverein TV 1935, Bertha Frankfurter (2. Reihe, 3. von rechts) und halb verdeckt rechts neben ihr Beatrice Eckmann (links neben der Frau mit dem Kind)

Bild 7: Mädchen- u. Bubenriege des Turnvereins, ca. 1910, Johanna Frankfurter, verh. Eckmann, 2. Reihe rechts außen mit Fahne; Klara Gutenstein 2. Reihe, 2. von links

als Portefeuiller[10] tätig, die anderen drei Fünftel verdienten ihren Lebensunterhalt als Metzger oder Bäcker und im Kleinhandel, zum Teil im Wandergewerbe.[11]

Wie ihre katholischen Nachbarn achteten die Heusenstammer Juden darauf, ihre religiösen Bräuche streng einzuhalten. Nach traditioneller Art feierten sie den Sabbat und ihre religiösen Feste. Tür an Tür mit den christlichen Nachbarn wohnend, gehörten diese Rituale zum Heusenstammer Alltag. Da strenggläubigen Juden am Sabbat jede Tätigkeit verboten war, übernahmen ihre Nachbarn als Schabbesgoje[12] notwendige Arbeiten. Die Kinder wurden während des Pessachfestes[13] mit Mazze[14] versorgt und durften sich aus der Bonbonniere im Flur bedienen.

Die Kontakte untereinander waren vielfältig, in der Nachbarschaft, in der Schule, über die Arbeit und in den Vereinen.

Frau Müller erinnert sich: „Meine Großmutter saß oft mit der Gustel Schönmann auf der Bank vor dem Haus – da haben sie Handarbeiten gemacht." Sally Reinhardt ist als Nachbar Gast bei der Kommunionsfeier von Christian Uhl in der Feldstraße. „Und abends, da saß Isi Gutenstein immer bei seinem Freund, dem Rio Bauer, der die Portefellerwerkstatt hatte. Da haben sie über Fußball geredet." Die Zugehörigkeit zu einem Verein spielte zu einer Zeit, als der Rundfunk noch wenig verbreitet war und es noch kein Fernsehen gab, eine große Rolle. Und so ist es nicht verwunderlich, dass in den Mitgliedslisten des Turnvereins (TV) die Namen jüdischer Heusenstammer, die Frankfurters, die Schönmanns und Ehrmanns, die Reinhardts und die Eckmanns auftauchen.

---

10 Portefeuiller (von franz. „portefeuille" = Brieftasche, Aktenmappe) oder im südhessischen Dialekt „Portefeller" nannte man die Arbeiterinnen und Arbeiter, die Brieftaschen, Handtaschen, Ranzen, Tornister und andere Gegenstände aus Leder herstellten. Das Zentrum der deutschen Lederwarenproduktion lag in der 2. Hälfte des 19. und der 1. Hälfte des 20. Jahrhunderts in Offenbach und den umliegenden Gemeinden.

11 Lagebericht des Bürgermeisters vom 23.12.1936, StA Heusenstamm, Abt.XV, Abschn.2, Konv.3, Fasz.1

12 Schabbesgoje ist die nicht-jüdische (goje) Helferin, die am Sabbat (Schabbes) alle Verrichtungen im Haus besorgt, die den strenggläubigen Juden ihr Glaube verbietet. Dazu gehören Feuer anmachen, Kerzen anzünden und löschen, den Tisch decken u.a. Oft hatten mehrere jüdische Familien gemeinsam eine Schabbesgoje.

13 Am Pessachfest wird an den jüdischen Exodus, den Auszug der Israeliten aus Ägypten erinnert. Die Feier dauert sieben bis acht Tage und beginnt am Abend des ersten Vollmonds im Frühling.
Das jüdische Pessach ist auch der Ursprung der christlichen Karwoche.

14 Mazzen sind dünne, nur aus Mehl und Wasser ohne Hefe hergestellte ungesäuerte knusprige Fladenbrote, die zur Zeit des Pessachfestes gegessen werden.

Bild 8: Der jüdische Friedhof in Heusenstamm

Jüdische Vereinsmitglieder wurden zum Schriftführer gewählt oder repräsentierten als Fahnenträger den Verein.[15] Selbstverständlich, dass dann die Vereinsfeste gemeinsam gefeiert wurden.

Bei Familienangelegenheiten blieb man allerdings auf Distanz. Der Ehepartner wurde in einer anderen jüdischen Gemeinde gesucht. Verfolgt man die Geschichte der jüdischen Familien über mehrere Generationen, fällt auf, wie sehr sie innerhalb ihrer Gemeinde und mit Gemeinden umliegender Orte familiär verwoben sind. Darin unterscheiden sie sich kaum von den christlichen Familien am Ort, allerdings reichen die familiären Verbindungen bei den jüdischen Familien weiter über die Nachbargemeinden hinaus. Eine Ehe zwischen Angehörigen verschiedener Konfessionen war die große Ausnahme – auch das nicht nur bei Juden. Die Frau von Bernhard Frankfurter konvertierte vor ihrer Heirat zum jüdischen Glauben. 1933 war Isidor Gutenstein als einziger Heusenstammer Jude mit einer Christin verheiratet. Aber auch wenn keine familiären Beziehungen bestanden, wurden die Heusenstammer Juden von ihren Mitbürgern akzeptiert. Sie gehörten dazu, man pflegte ein nachbarschaftliches Verhältnis, was in einzelnen Bereichen ambivalent war, aber die Dorfgemeinschaft insgesamt nicht berührte.

Die alte Dame sitzt mir gegenüber: „Die Juden? Natürlich erinnere ich mich! Mit der Ruth war ich ja befreundet. Wir saßen in der ersten Schulklasse nebeneinander." Und etwas später sagt sie: „Und abends sind wir Kinder – aber da war die Ruth nicht dabei – da sind wir manchmal zum Judenfriedhof gegangen und haben über die Mauer gerufen: ‚Jud, komm raus!' und dann sind wir weggerannt. … Aber da waren wir Kinder und haben einen dummen Scherz gemacht. ... Mit der Ruth hab' ich auch noch oft heimlich gespielt, als sie schon nicht mehr in unsere Schule gehen durfte."

Die Juden waren normale Nachbarn und Spielkameraden, und doch gab es unterschwellig noch anderes, was man weitergab. Eltern und Großeltern erzählten den Kindern Geschichten über die Juden, um zu verhindern, dass sie im Dunkeln zum jüdischen Friedhof gingen, der etwas außerhalb des Ortes lag. Die Kinder entwickelten ihre Spiele mit der Lust an der Angst.

Die bestehende Dorfgemeinschaft wurde brüchig, als die Nationalsozialisten an die Macht kamen.

15 TSV Heusenstamm, Bildarchiv, vgl. Bild Nr. 5

12. Fachabteilungen in den größeren Vereinen sind erlaubt, müssen aber stets im Dienst des Gesamtvereins stehen und den Erfordernissen des Wehrturnens entsprechen. Verselbständigung ist verboten. Gesellschaftsriegen müssen besonders den völkischen Geist pflegen und den Zusammenhalt des Vereins födern. Die bisherigen Vergnügungsausschüsse sind aufzulösen. Vereinsgeselligkeiten und Feste sind Aufgaben des Turnrats. In jedem Monat soll ein Vereinsabend stattfinden, für den der Dietwart verantwortlich ist.

13. Die vollkommene Arisierung, d. h. der Ausschluß aller Juden, wobei deutscharische Reinheit bis in die 3. Generation verlangt wird, Judenstämmlinge und jüdisch versippte (nach beiliegender Anlage) ist bis zum 20. Mai durchzuführen und dem Gaubevollmächtigten zu melden.

14. Aktive Marxisten sind sofort auszuschließen, frühere Marxisten, S. P. D. — K. P. D. und Reichsbannermitglieder haben eine schriftliche Verpflichtung in Form von Anlage 2 zu unterzeichnen. Die Vereinsführer, die die politische Gleichschaltung nicht vollkommen durchgeführt haben, werden im Beschwerdefall zur Rechenschaft gezogen.

Bild 9: Der so genannte Arierparagraf aus den Anordnungen für die Gleichschaltung der Vereine, 1933, als Vordruck von der deutschen Turnerschaft an alle Turnvereine geschickt

192

1933 Am 17. u. 18. Juni sollte das 60 jährige Stiftungsfest stattfinden, konnte jedoch durch den zweimaligen Wechsel des Vorstandes, wodurch die Vorarbeiten nicht erledigt werden konnten, nicht stattfinden. Von einer späteren Abhaltung des Festes wurde abgesehen. Ferner konnten durch den in die Satzung der D. T. aufgenommenen Ariesparagraph 5 unserer Mitglieder nicht weiter in unserer Mitgliederliste geführt werden. [illegible] Den ausgeschiedenen Mitgliedern wurde der Dank für ihre langjährige treue Mitgliedschaft [illegible] ausgesprochen.

Bild 10: Hinweis in der Chronik des TV auf den Ausschluss der jüdischen Vereinsmitglieder, 1933

3.

Mit der Machtübernahme der Nationalsozialisten beginnt die Ausgrenzung

Mit der Machtübernahme der Nationalsozialisten änderte sich die Situation der Juden auch in Heusenstamm entscheidend.[16] Obwohl in der Weimarer Zeit der Antisemitismus in der Agitation reaktionärer Kräfte gegen die Republik – von antidemokratischen, nationalen Kreisen als „Judenrepublik" verfemt – eine wichtige Rolle spielte, hatte dies vor 1933 noch keine konkreten Auswirkungen in Heusenstamm.

Da die Mehrzahl der vorwiegend katholischen Bevölkerung den Nationalsozialisten skeptisch und ablehnend gegenüberstand, fand auch die antisemitische Hetze wenig Widerhall. Trotz Unterstützung von Mitgliedern der NS-Partei und ihren Untergliederungen gelang den Nationalsozialisten anfangs eine soziale Ausgrenzung der jüdischen Bevölkerung nur eingeschränkt. Im Stadtarchiv finden sich zahlreiche Dokumente, in denen sich der von den Nationalsozialisten eingesetzte Bürgermeister über die „allgemeine Judenfreundlichkeit"[17] der Bürger beklagt und eine verstärkte Propaganda der NSDAP-Ortsgruppe anregt.[18]

Dauernde Hetze und die Furcht vor Repressionen führten aber schließlich doch zur zunehmenden sozialen Isolation.[19]

Vom Kreisamt angewiesen, versuchte der Bürgermeister alle Anordnungen zur Ausgrenzung und Entrechtung sofort umzusetzen. Die im April 1933 in ganz Deutschland einsetzende Entlassung aller jüdischen Beamten und Bediensteten aus dem Öffentlichen Dienst – scheinlegitimiert durch das „Gesetz zur Wiederherstellung des Berufsbeamtentums" – betraf in Heusenstamm direkt niemanden, da keiner der Juden im Öffentlichen Dienst arbeitete.

Erheblich einschneidender im Alltag wurde dagegen die „Gleichschaltung der Vereine" im Mai 1933 empfunden, die für die der KPD und SPD nahe stehenden Vereine

16 Vgl. zum Folgenden: Beez, Fischer, S.89ff

17 Lagebericht des Bürgermeisters vom 24.10.1936 StA Heusenstamm, Abt.XIII, Abschn. I

18 Lagebericht des Bürgermeisters vom 20.10.1937 a.a.O

19 Lagebericht des Bürgermeisters vom 23.4.1938 und vom 21.6.1938 a.a.O

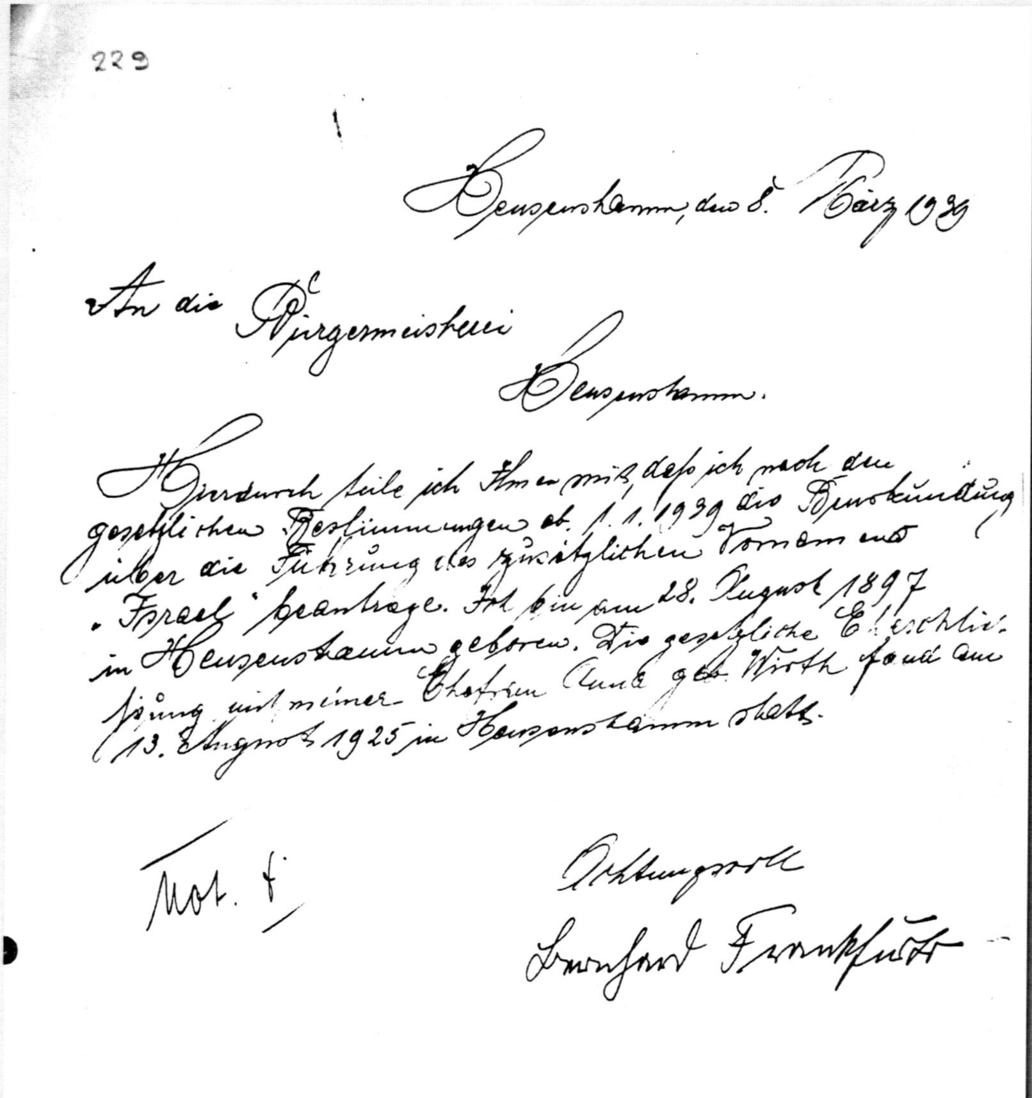

229

Heusenstamm, den 8. März 1939

An die Bürgermeisterei
Heusenstamm.

Hierdurch teile ich Ihnen mit, daß ich nach den gesetzlichen Bestimmungen ab 1.1.1939 die Beurkundung über die Führung des zusätzlichen Vornamens „Israel" beantrage. Ich bin am 28. August 1897 in Heusenstamm geboren. Die gesetzliche Eheschließung mit meiner Ehefrau Anna geb. Wirth fand am 13. August 1925 in Heusenstamm statt.

Not. f.

Hochachtungsvoll
Bernhard Frankfurter

Bild 11: Auferzwungene Namensänderung von Bernhard Frankfurter - Ab 1.1.1939 müssen Juden den zusätzlichen Vornamen „Israel" oder „Sara" führen. Sie müssen die Anträge selbst stellen.

die Zwangsauflösung bedeutete[20] und den Juden in den verbliebenen Vereinen die Mitgliedschaft entzog.[21]

Ein Eintrag in der Chronik des Turnvereins von 1933[22] weist auf den Ausschluss hin und dankt den jüdischen Mitgliedern für ihre „langjährige treue Mitgliedschaft". Die eingefügte Ergänzung, die die Verdienste der jüdischen Mitglieder verstärkt hervorhebt, lässt sich nicht datieren. Es ist schwer einzuschätzen, ob sie den damaligen Unmut der Turner über den Ausschluss aufzeigt oder – nach 1945 eingefügt – die eigene Rolle aufwertet.

Ganz besonders hart traf es die Kinder, die nicht mehr an den gemeinsamen Turnstunden ihres Vereins teilnehmen durften. Gleichzeitig wurden sie in der Schule von Teilen des Unterrichts ausgeschlossen und mussten erdulden, wie ihnen im Unterricht die „Minderwertigkeit der jüdischen Rasse" immer wieder vorgehalten wurde. Wie haben sich die jüdischen Kinder dabei gefühlt, wie haben die Mitschüler reagiert? Fragen, die sich bald nicht mehr stellten. Bevor von staatlicher Seite der Ausschluss aller jüdischen Kinder vom gesamten Unterricht verfügt wurde[23], entschieden die jüdischen Familien, ihre Kinder nicht mehr den ständigen Repressionen auszusetzen. Ihr Entschluss, sie auf die jüdische Schule in Offenbach – eine Einrichtung der dortigen Gemeinde – zu schicken, war mit erheblichen Kosten verbunden. Aber schon auf dem Schulweg begegneten den Kindern weitere Schikanen. Die Benutzung des Warteraums im Bahnhof war ihnen untersagt, wenn der Zug voll war, durften sie nicht mitfahren, nur im Ausnahmefall durften sie einen Sitzplatz nutzen. Manche von ihnen hielten sich deshalb gleich außerhalb des Wagens auf der Plattform auf.

1935 wurde die Ausgrenzung per Gesetz weiter vorangetrieben: Mit den „Nürnberger Rassegesetzen" wurde Juden mit dem Wahlrecht auch das Reichsbürgerrecht entzogen. Sie wurden Staatsbürger zweiter Klasse. Die Ehe zwischen Juden und Nicht-Juden wurde verboten. Wer das Verbot nicht streng beachtete, riskierte wegen „Rassenschande" vor Gericht gestellt und hart bestraft zu werden. Bei einer bereits bestehenden Ehe wurde den Betroffenen eine Scheidung nahe gelegt. Wer heiraten wollte, musste einen „Arier- Nachweis" erbringen – für die „Reichsbürger"

20 In Heusenstamm wurden der „Arbeitergesangsverein Konkordia", die Freie Turnerschaft und der Arbeiter-Radfahrverein „Vorwärts" verboten. (Vgl. Offenbacher Zeitung vom 4. Juni 1933, Stadtarchiv Offenbach)

21 Vgl. Beez, Fischer, S. 31ff

22 Archiv des TSV Heusenstamm, handgeschriebene Chronik, S. 192

23 November 1938

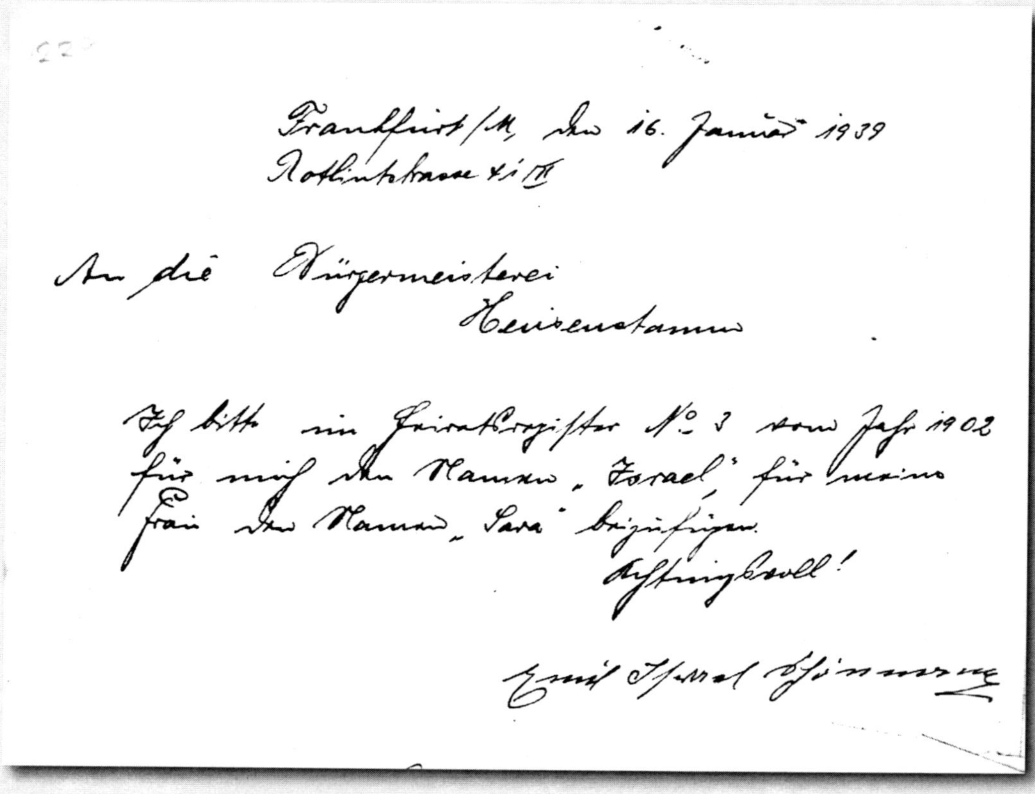

Frankfurt/M, den 16. Januar 1939
Rotlintstrasse 41 III

An die Bürgermeisterei
Heusenstamm

Ich bitte im Heiratsregister N° 3 vom Jahr 1902 für mich den Namen „Israel" für meine Frau den Namen „Sara" beizufügen.

Achtungsvoll!

Emil Israel Schönmann

Bild 12: Auferzwungene Namensänderung von Emil Schönmann

eine Warnung, sich von den Juden fernzuhalten. Ein Merkblatt gab dem Standesbeamten in Heusenstamm Auskunft, wie im Fall von „Rassenmischehen“ zu verfahren war.[24]

Im administrativen Bereich wurde die Isolierung und Ausschaltung weiter vorangetrieben. Damit alle Juden lückenlos erfasst wurden, musste auch in Heusenstamm die Gemeindeverwaltung eine „Judenkartei“[25] führen: Namen und persönliche Daten der in Heusenstamm lebenden Juden wurden registriert, Zu- und Abgänge vierteljährlich an das Kreisamt gemeldet. Damit wurde sichergestellt, dass bei Aktionen und Maßnahmen kein Jude entrinnen konnte.

Weitere Demütigungen folgten, die das Selbstwertgefühl der Juden zerstören sollten. Neben dem „J“, das in ihren Pass gestempelt wurde, zwang sie die „Verordnung über Reisepässe von Juden“ vom Oktober 1938, ihrem Namen „Sara“ oder „Israel“ hinzuzufügen. Der Antrag auf Änderung musste von den Betroffenen selbst beim Standesamt ihres Heimatortes gestellt werden, was eine weitere Demütigung darstellte. Diese Anträge der in Heusenstamm geborenen Juden gehören zu den wenigen Schriftstücken, die von ihnen selbst erhalten geblieben sind.[26]

All das war eine Vorstufe zu der von September 1941 an geltenden Verpflichtung, einen Judenstern gut sichtbar an der Kleidung zu tragen.

24 StA Heusenstamm, Abt. XIII, Abschn. I, Konv. I, Fasz.36
25 StA Heusenstamm, Abt. XIII, Abschn. I, Konv. I, Fasz. 4
26 StA Heusenstamm, Abt. XIII, Abschn. I, Konv. 1, Fasz. 19

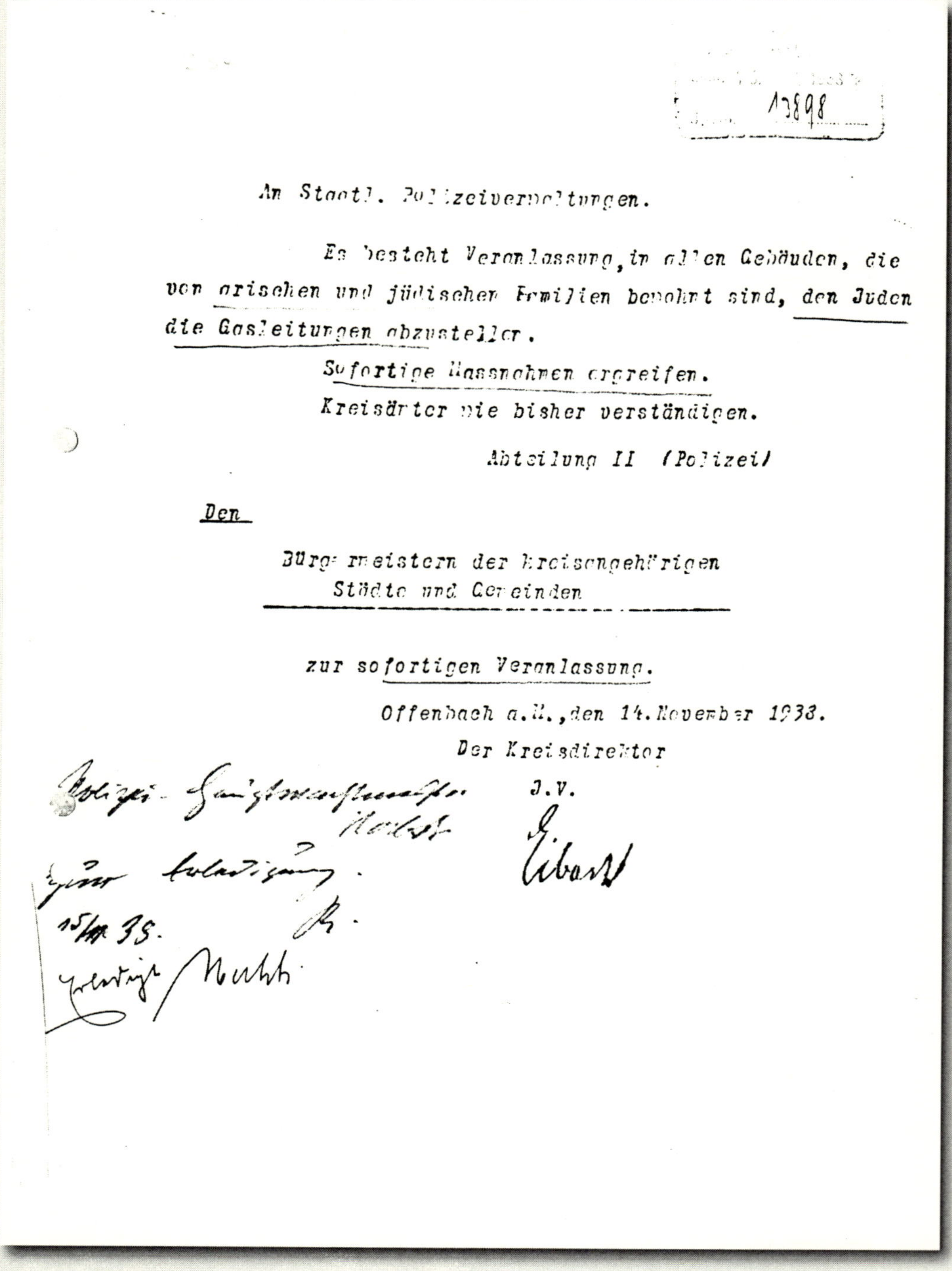

13898

An Staatl. Polizeiverwaltungen.

Es besteht Veranlassung, in allen Gebäuden, die von arischen und jüdischen Familien bewohnt sind, den Juden die Gasleitungen abzustellen.

Sofortige Massnahmen ergreifen.

Kreisämter wie bisher verständigen.

Abteilung II (Polizei)

Den

Bürgermeistern der kreisangehörigen Städte und Gemeinden

zur sofortigen Veranlassung.

Offenbach a.M., den 14. November 1938.

Der Kreisdirektor

J.V.

Bild 13: Kein Gas mehr für jüdische Bürger, 1938

4.

„Kleine Nadelstiche, manchmal quälender als ein Keulenschlag“

Es mehrten sich die Schikanen, die vielen kleinen Nadelstiche, manchmal quälender als ein Keulenschlag[27], die den Juden die Luft zum Atmen nehmen und sie zermürben, ihr Selbstwertgefühl zerstören sollten.

Etliche dieser Schikanen sind im Heusenstammer Archiv[28] dokumentiert:

- Juden werden aus den Vereinen ausgeschlossen (Mai 1933)
- Rassekunde wird Unterrichtsfach an den Schulen (Januar 1935)
- die Beerdigungseinrichtungen der Gemeinde stehen Juden nicht mehr zur Verfügung (März 1938)
- Berufsverbot für jüdische Ärzte (Juli 1938)
- Zusätzliche Vornamen „Sara“ bzw. „Israel“ für Juden (August 1938)
- das Schlachthausverbot für Hugo Rollmann (Oktober 1938)
- Ausschluss jüdischer Kinder vom Schulbesuch staatlicher Schulen (November 1938)
- die Gaszufuhr in jüdischen Wohnungen wird abgestellt (November 1938)
- der Entzug des Führerscheins (Dezember 1938)
- der Entzug der Klein- und Sozialrentenunterstützung (Dezember 1938)
- keine Kleiderkarten für Juden (Januar 1940)
- das Verlassen der Wohngemeinde nur mit polizeilicher Erlaubnis (Oktober 1940)
- die Beschränkung der Einkaufszeiten (November 1940)
- die Beschränkung der Lebensmittelverteilstellen (November 1940)
- der Ausschluss von Lebensmittelsonderzuteilungen (November 1940)
- die Verpflichtung zum Arbeitseinsatz in Fabriken oder bei Gleisbau- und Autobahnarbeiten (November 1940)
- die Beschränkung der Benutzung öffentlicher Verkehrsmittel auf bestimmte Tage und Stunden (September 1941)

27 Klemperer, Victor, Ich will Zeugnis ablegen bis zum letzten, Bd. 2, 2. Juni 1942, Berlin 1995,S. 107f

28 StA Heusenstamm, Abt. XIII

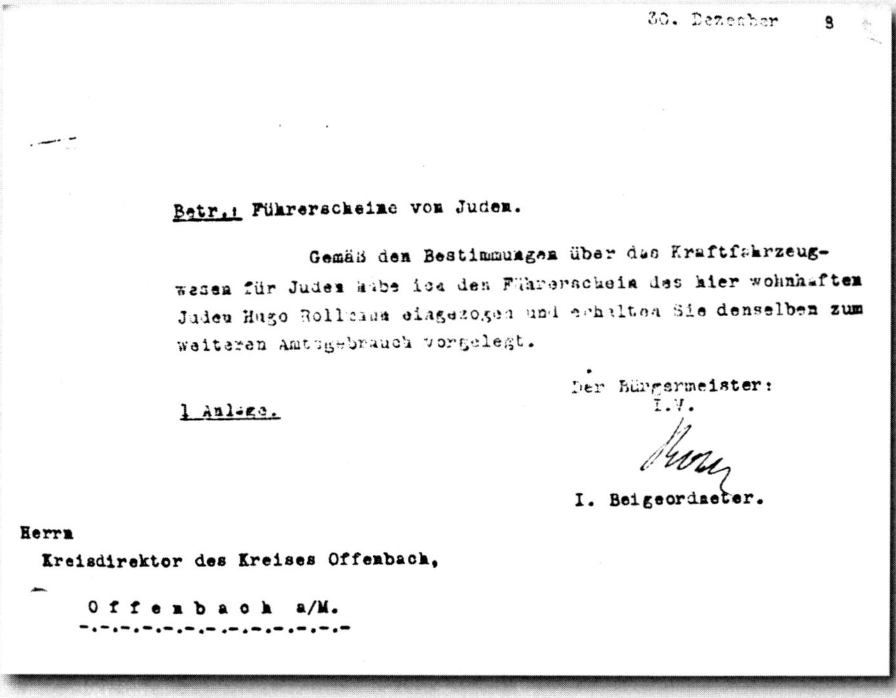

30. Dezember 8

Betr.: Führerscheine von Juden.

Gemäß den Bestimmungen über das Kraftfahrzeugwesen für Juden habe ich den Führerschein des hier wohnhaften Juden Hugo Rollmann eingezogen und erhalten Sie denselben zum weiteren Amtsgebrauch vorgelegt.

1 Anlage.

Der Bürgermeister:
I.V.

I. Beigeordneter.

Herrn
Kreisdirektor des Kreises Offenbach,
Offenbach a/M.

Bild 14: Führerscheinentzug für Hugo Rollmann, 1938

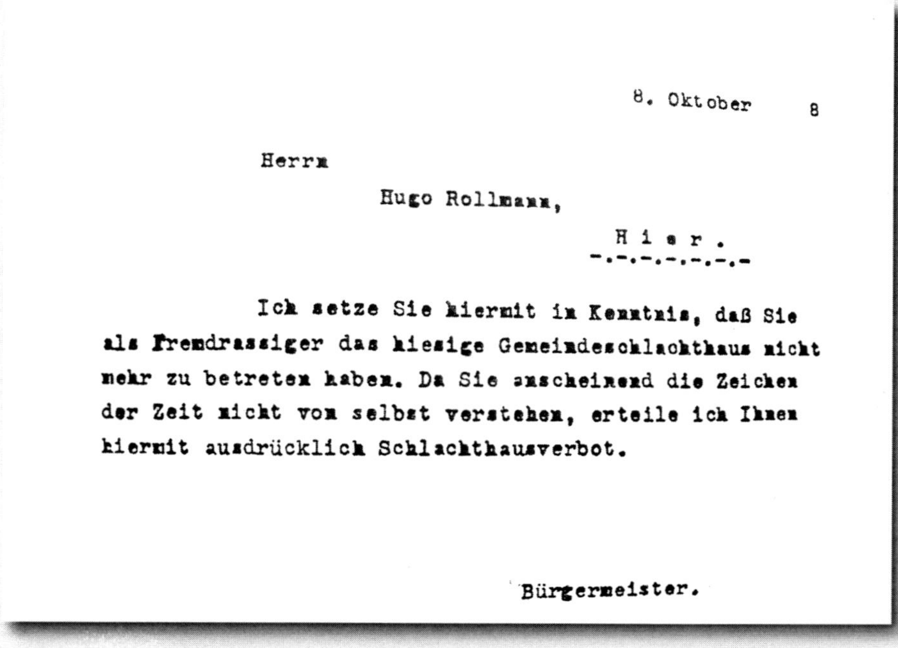

8. Oktober 8

Herrn
Hugo Rollmann,
Hier.

Ich setze Sie hiermit in Kenntnis, daß Sie als Fremdrassiger das hiesige Gemeindeschlachthaus nicht mehr zu betreten haben. Da Sie anscheinend die Zeichen der Zeit nicht von selbst verstehen, erteile ich Ihnen hiermit ausdrücklich Schlachthausverbot.

Bürgermeister.

Bild 15: Schlachthausverbot für Hugo Rollmann 1938, das bedeutet Berufsverbot

- das Verbot, öffentliche Verkehrmittel innerhalb der Wohngemeinde zu nutzen (September 1941)
- Auswanderungsverbot für Juden (Oktober 1941)
- das Gebot, bei Nutzung der öffentlichen Verkehrsmittel außerhalb der Wohngemeinde eine polizeiliche Erlaubnis vorzulegen (November 1941)
- das Verbot, Warteräume zu benutzen (November 1941)
- die Auflage, nur dann einen Sitzplatz einzunehmen, wenn er von anderen Reisenden nicht beansprucht wird (November 1941)
- die Auflage, den Wagen zu verlassen, wenn sonst andere Reisende zurückbleiben (November 1941)

......

Aber: „Sie sind alle zusammen gar nichts gegen die ständige Gefahr der Haussuchung, der Misshandlung, des Gefängnisses, des Konzentrationslagers und gewaltsamen Todes.“[29]

29 Klemperer, a.a.O, S. 108

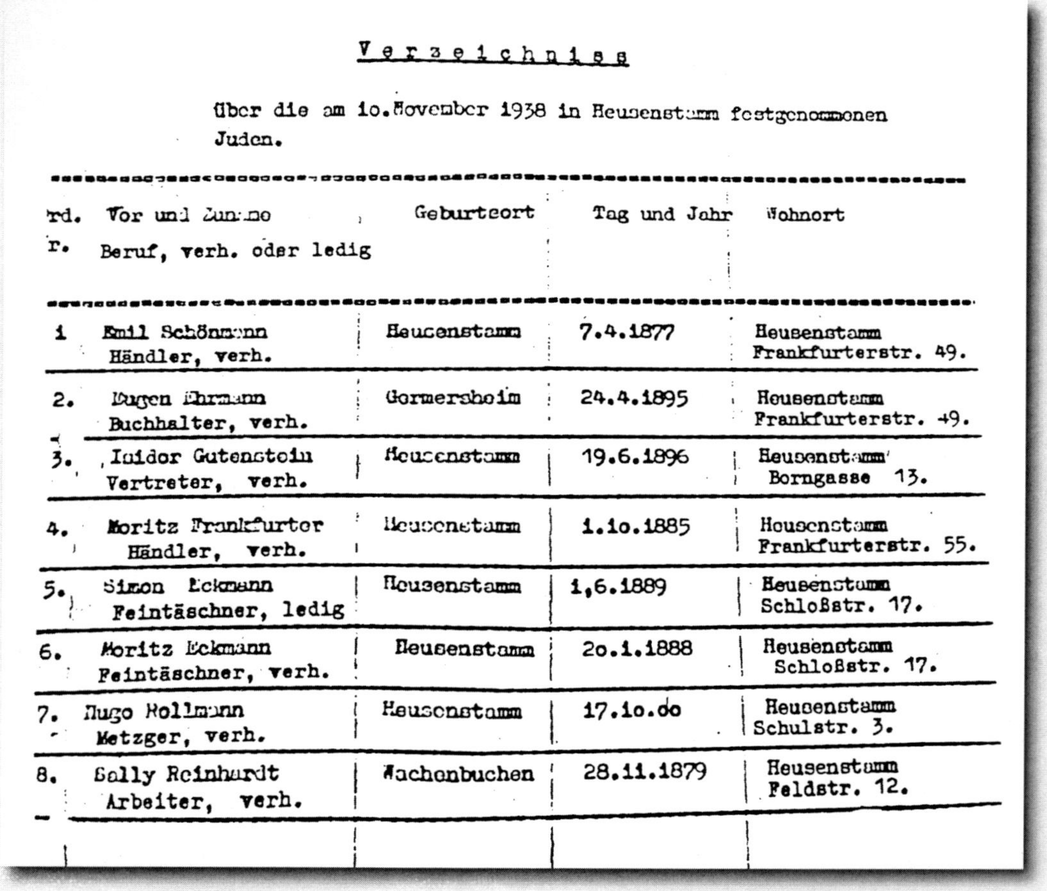

Verzeichnis

über die am 10.November 1938 in Heusenstamm festgenommenen Juden.

rd. r.	Vor und Zuname Beruf, verh. oder ledig	Geburtsort	Tag und Jahr	Wohnort
1	Emil Schönmann Händler, verh.	Heusenstamm	7.4.1877	Heusenstamm Frankfurterstr. 49.
2.	Eugen Ehrmann Buchhalter, verh.	Germersheim	24.4.1895	Heusenstamm Frankfurterstr. 49.
3.	Isidor Gutenstein Vertreter, verh.	Heusenstamm	19.6.1896	Heusenstamm Borngasse 13.
4.	Moritz Frankfurter Händler, verh.	Heusenstamm	1.10.1885	Heusenstamm Frankfurterstr. 55.
5.	Simon Eckmann Feintäschner, ledig	Heusenstamm	1,6.1889	Heusenstamm Schloßstr. 17.
6.	Moritz Eckmann Feintäschner, verh.	Heusenstamm	20.1.1888	Heusenstamm Schloßstr. 17.
7.	Hugo Hollmann Metzger, verh.	Heusenstamm	17.10.00	Heusenstamm Schulstr. 3.
8.	Sally Reinhardt Arbeiter, verh.	Wachenbuchen	28.11.1879	Heusenstamm Feldstr. 12.

Bild 16: Liste der am 10. November 1938 festgenommenen Juden, die ins Sonderlager Buchenwald verschleppt wurden

5.

Der Terror beginnt

Überall in Deutschland gingen SA-Truppen in der Nacht vom 9. auf den 10. November 1938 gegen jüdische Einrichtungen, Geschäfte und Wohnungen vor.[30]

Auch in Heusenstamm wurden jüdische Wohnungen verwüstet, in der Synagoge in der Kirchgasse alle Fenster eingeschlagen und das Mobiliar zerstört.

Maßgebend beteiligt an dieser Terroraktion war der ehemalige Heusenstammer Bürgermeister und damalige Dietzenbacher Ortsgruppenleiter Fickel.[31] Aber neben den auswärtigen SA-Leuten nahmen auch Heusenstammer Bürger an den Ausschreitungen teil. Augenzeugen berichteten, dass sich zwei SA-Leute aus Heusenstamm dabei besonders hervorgetan haben sollen.

Die Bewohner wagten nicht, dem Terror Einhalt zu gebieten. Frau S. berichtet, wie sie hinter dem Vorhang vorsichtig das Geschehen beobachtet habe. Aus Angst, selbst angefeindet zu werden, habe sich niemand gezeigt oder auf die Straße getraut. Die Synagoge sei nur deshalb nicht angezündet worden, weil im vorderen Teil des Gebäudes eine nicht-jüdische Familie wohnte. Frau Helm – damals acht Jahre alt – erinnert sich: „Um die Ecke in der Kirchgasse lagen viele Gebetbücher mit fremdartigen Buchstaben auf der Straße – wir Kinder waren natürlich neugierig und haben geguckt, und dann haben wir zum ersten Mal in den jüdischen Betsaal reingesehen, den Synagogenraum der Juden, wo alles verwüstet war."

Die Heusenstammer erlebten mit, wie alle erwachsenen jüdischen Männer verhaftet wurden.[32] Zusammen mit 30 000 anderen wurden sie unter fürchterlichen Bedingungen inhaftiert. Ins jüdische Sonderlager des KZ Buchenwald verschleppt, wurden sie mit 2000 Mann in Holzbaracken untergebracht, die nur für höchstens 500 gebaut waren. Durch Überfüllung und permanenten Wassermangel waren die sanitären Verhältnisse im Lager unvorstellbar. Essensrationierung und winterliche

30 Als Vorwand für das Pogrom diente das Attentat von Herschel Grynszpan auf den deutschen Botschaftsbeamten Ernst von Rath

31 Schreiben von 1945, StA Heusenstamm, Abt.XIII, Abschn.1, Konv.1, Fasz.50
Vgl. Beez, Fischer a.a.O., S. 99 ff

32 StA Heusenstamm, Abt.XIII, Abschn.1, Konv.1, Fasz.15

Dokumente zur Haft in Buchenwald nach dem Novemberpogrom 1938

„Die Ankunft im Lager war fürchterlich. Als ‚Mordwoche' wird sie von Augenzeugen bezeichnet. Julius Freund hat seine Erinnerungen unmittelbar nach seiner Entlassung aus dem Lager 1939 niedergeschrieben. ‚Es gab einige Hunderte Schwerverletzte, auch Kranke, die zu Hause bereits in häuslicher Pflege waren, Irrsinnige, welche unter Aufsicht standen. Juden durften nicht verbunden werden; sogar aus unserem Revier (Häftlingskrankenbau, d. V.) wurden alle Juden ohne Rücksicht auf ihren Gesundheitszustand auf ihre Blöcke getrieben, denn so wollte es die Lagerleitung. (...) Drei Tage und Nächte dauerte dieser Zustrom. Ich habe im Weltkrieg auf manchem Hilfsplatz schon vieles erlebt, aber hier, mitten im Frieden, unter einem Kulturvolk des 20. Jahrhunderts, war der Boden getränkt von Blut und Eiter. Neben Verwundeten lagen bereits Tote; es roch nach Kot, Schweiß und Urin. Irrsinnige hielten Ansprachen gegen Hitler, liefen mit offenen Taschenmessern herum, stiegen über herumliegende Verwundete mit Arm- und Beinbrüchen, Sterbende röchelten. Es war alles durcheinander, es glich einer babylonischen Verwirrung. Es gab kein Wasser, keinen Verband und keine Medikamente. Aufstände von Hungrigen und Durstigen mußten unterdrückt werden. Es war die Hölle auf Erden. Jeder Hilferuf erstickte an der Lagergrenze.'"

Zitiert aus Harry Stein, Das Sonderlager im Konzentrationslager Buchenwald nach den Pogromen 1938, in Monica Kingreen (Hg.), „Nach der Kristallnacht", Frankfurt 1999, S. 37 und 38

„Ephraim Franz Wagner aus Frankfurt beschreibt die Entlassungsprozedur aus Buchenwald: ‚Mir wurde der Kopf kahl geschoren, Formulare mußten unterschrieben werden, in denen ich eidesstattlich zu erklären hatte, daß man mich gut behandelt hätte; zudem wurde mir unzweideutig erklärt, daß ich erneut ins KZ käme, falls ich Deutschland nicht bis Ende Februar (1939) verlassen hätte.'"

Zitiert nach: Internetportal www.frankfurt1933-1945.de mit freundlicher Genehmigung des Instituts für Stadtgeschichte Ffm

Witterung – die ungeheizten Baracken lagen in 400 m Höhe ungeschützt am Nordhang – schwächten die Gefangenen. Zusätzlich waren sie als so genannte „Aktionsjuden" Opfer von Schikanen, Erpressungen und Quälereien von Seiten der SS-Wachmannschaften. Unter diesen Umständen stieg die Zahl der Kranken und Toten sprunghaft an.[33]

Die Heusenstammer Juden überlebten diese Haft und kehrten körperlich geschwächt und seelisch traumatisiert zurück. Als letzter kam Simon Eckmann nach fast 11 Wochen Haft frei – das Geld für die Rückfahrt musste seine Familie anweisen. Wie alle anderen hatte auch er zuvor eine Schweigegebot unterschreiben und sich schriftlich zur „Auswanderung" bereit erklären müssen.

Die in Heusenstamm Zurückgebliebenen wurden weiter gedemütigt. Sie selbst mussten die beim Pogrom entstandenen Schäden so rasch wie möglich beheben und zudem die Kosten dafür tragen.[34] Die Heusenstammer konnten beobachten, wie die jüdischen Frauen die beschädigten Fenster der Synagoge mit Brettern zunagelten – ihnen zu Hilfe zu kommen, wagte keiner. Außerdem musste sich auch die Heusenstammer Juden an der nach dem Novemberpogrom auferlegten Strafzahlung in der immensen Höhe von einer Milliarde Reichsmark beteiligen.

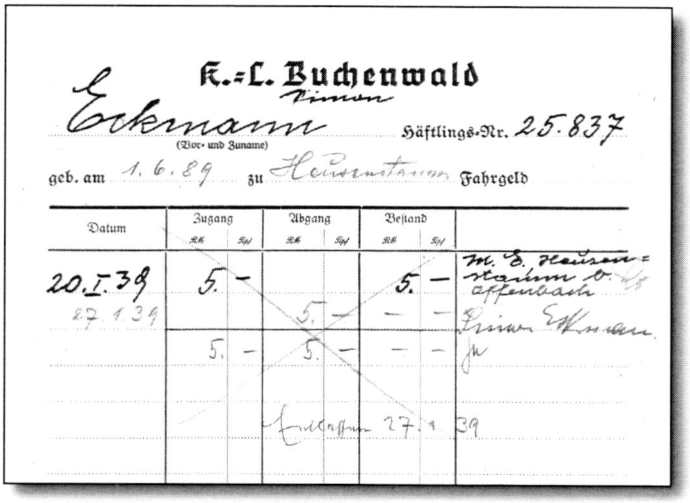
K.-L. Buchenwald

Eckmann Simon Häftlings-Nr. 25.837

(Vor- und Zuname)

geb. am 1.6.89 zu Heusenstamm Fahrgeld

Datum	Zugang RM	Zugang Rpf	Abgang RM	Abgang Rpf	Bestand RM	Bestand Rpf	
20.I.39	5.	-			5.	-	M. E. Heusenstamm b. Offenbach
27.1.39			5.	-	-	-	Simon Eckmann
	5.	-	5.	-	-	-	

Bild 17: Geldkarte von Simon Eckmann

33 Vgl. Harry Stein, Juden in Buchenwald 1937-1942, Weimar 1992, S. 41 ff.

34 StA Heusenstamm, Abt.XIII, Abschn.1, Konv.1, Fasz.14

Bild 18: Das Haus Unterlindau 74, die letzte Frankfurter Unterkunft der Familie Rollmann.

6.

Zufluchtsuche in den Städten

Nach der Rückkehr der in Buchenwald inhaftierten Familienväter im Dezember 1938 und Januar 1939 wurde die Lage für die jüdischen Familien in Heusenstamm immer schwieriger. Arbeit gab es für sie kaum mehr, die Schulen, die ihre Kinder besuchen konnten, waren in Offenbach und Frankfurt, die Organisation des Lebensalltags gelang nur sehr schwer.

Bedingt durch den Druck, den die Bürgermeisterei den jüdischen Hausbesitzern machte, ihre Häuser zu verkaufen und Heusenstamm zu verlassen[35], meldeten sich im Dezember 1938 die Familien Schönmann, Ehrmann und Moritz Frankfurter mit Frau und Tochter nach Frankfurt ab. Im 1. Quartal 1939 folgten Hugo Rollmann mit seiner Familie, Julius und Sara Rollmann sowie Amalie Reinhardt. Sally und Fanny Reinhardt zogen im Mai 1939 mit ihrer Tochter Selma nach Offenbach. Sie alle suchten Zuflucht in Häusern der nahe gelegenen Städte, in denen bereits Verwandte oder Freunde lebten. Sie glaubten sich auch geschützter in der Anonymität der Stadt.

In den Städten begannen die jüdischen Gemeinden 1933 schon vorher bestehende Selbsthilfeangebote weiter auszubauen, angefangen von Schulen und Lernwerkstätten, die Kindern und Jugendlichen Ausbildung bieten und sie auf die Auswanderung, damit auf die Arbeit in anderen Ländern vorbereiten sollten. Zudem gab es Umschulungsmöglichkeiten, auch wirtschaftliche Unterstützung und ein größer werdendes Netz an sozialen Einrichtungen. Nach dem Novemberpogrom 1939 wurden alle diese Einrichtungen unter städtische, später unter Gestapo-Kontrolle gestellt. Der äußere Druck, unter den die Selbsthilfe dadurch geriet, spornte die dort Tätigen an, das soziale und religiöse Leben innerhalb der jüdischen Gemeinden zu intensivieren, Begegnungsmöglichkeiten und soziale Hilfsangebote zu verstärken und ab 1939 Hilfen für die Vorbereitung zur Auswanderung zu geben.[36]

35 Vgl. Kap. 7

36 Vgl. Maierhof, Gudrun, Selbsthilfe nach dem Novemberpogrom – Die Jüdische Gemeinde in Frankfurt am Main 1938 bis 1942, in: Kingreen, Monica (Hrsg.), Nach der „Kristallnacht", a.a.O., S. 157-185

Auf diese Unterstützung hofften die Juden in den Landgemeinden, auch die Heusenstammer.

Wir müssen nachvollziehen, was es für die Menschen bedeutete, den Ort zu verlassen, wo ihre Familien meist seit Generationen gelebt hatten, wo sie sich auskannten. Zunächst hieß es für sie, in kleinere Wohnungen zu ziehen. Sie konnten nur das Notwendigste mitnehmen. Haus und große Teile des Mobiliars mussten verkauft werden, meist geschah dies zu Schleuderpreisen.

Durch die Veränderung des Mietgesetzes 1938, das „arischen" Hausbesitzern eine Vermietung an „nicht-arische" Mieter verbot, sammelten sich die jüdischen Familien in Häusern, die entweder nach Auswanderung der jüdischen Eigentümer in die Verwaltung der Jüdischen Gemeinde übergegangen waren und in denen Wohnungen leer standen, oder in Häusern aus jüdischem Besitz, die den vom Land kommenden Juden durch Zwangseinweisung zugeteilt worden waren. So wurden diese Häuser schleichend zu so genannten Ghettohäusern. Ab 1940 waren viele dieser Häuser überfüllt, dennoch boten sie den Menschen Schutz und Rückzugsräume, insbesondere, da sie draußen nur auf Abweisung trafen und ständig Angst vor Denunziationen haben mussten.

Politik der Städte war es, die guten Wohnviertel nach und nach „judenrein" zu halten und die jüdischen Bewohner in Häuser an den Rändern zu drängen.

Die jüdischen Familien aus Heusenstamm wohnten in Frankfurt in den Stadtvierteln

- Stadtmitte (Familie Frankfurter im Holzgraben),

- im Ostend (die Familien Schönmann und Ehrmann in der Uhlandstraße,
  später in der Rotlintstraße) und

- im Westend (Hugo Rollmann mit seiner Familie in der Unterlindau).

- Familie Reinhardt und die Gutensteins gingen nach Offenbach (Innenstadt),

- Sara und Julius Rollmann zogen in jüdische Altersheime nach Mainz und Frankfurt.

Die Gestapo hatte leichte Kontrollmöglichkeiten über diese Häuser. Und ab 1941, als die großen Deportationen in den Osten begannen, hatte sie schnellen Zugriff auf die Bewohner, die mit brutaler Härte aus diesen Häusern zu den Deportations-Sammelstellen getrieben wurden.

Die leeren Häuser boten „frei gewordenen“ Wohnraum für nicht-jüdische Bürger, Maßnahmen der „Partizipation“, die die Nazis nutzten, um der übrigen Bevölkerung Krieg und wirtschaftlich enger werdende Verhältnisse erträglicher zu gestalten, sie zum direkten Nutznießer der Judenvertreibungen zu machen.

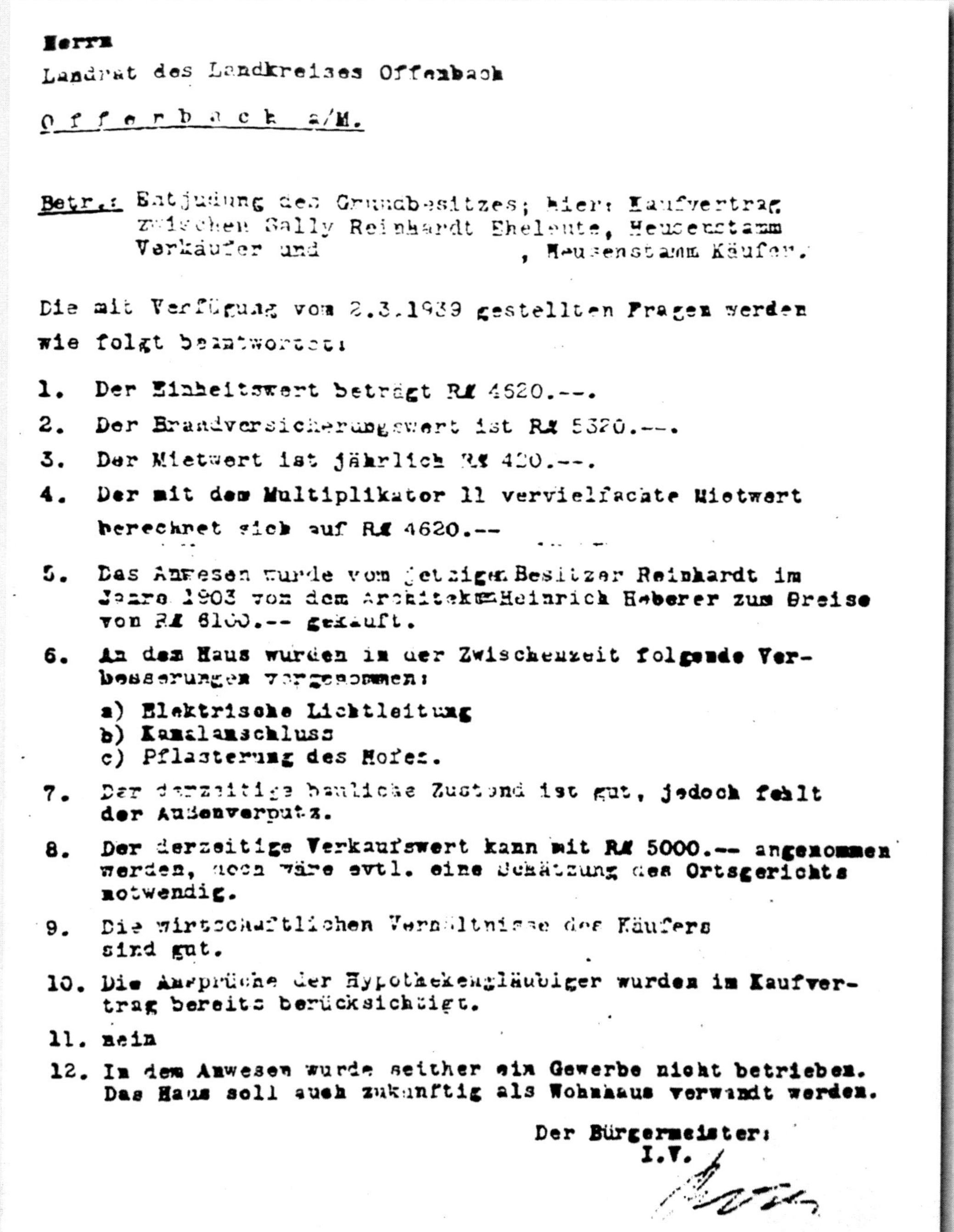

Herrn
Landrat des Landkreises Offenbach

O f f e n b a c h a/M.

Betr.: Entjudung des Grundbesitzes; hier: Kaufvertrag zwischen Sally Reinhardt Eheleute, Heusenstamm Verkäufer und , Heusenstamm Käufer.

Die mit Verfügung vom 2.3.1939 gestellten Fragen werden wie folgt beantwortet:

1. Der Einheitswert beträgt RM 4620.--.
2. Der Brandversicherungswert ist RM 5320.--.
3. Der Mietwert ist jährlich RM 420.--.
4. Der mit dem Multiplikator 11 vervielfachte Mietwert berechnet sich auf RM 4620.--
5. Das Anwesen wurde vom jetzigen Besitzer Reinhardt im Jahre 1903 von dem Architekten Heinrich Heberer zum Preise von RM 6100.-- gekauft.
6. An dem Haus wurden in der Zwischenzeit folgende Verbesserungen vorgenommen:
   a) Elektrische Lichtleitung
   b) Kanalanschluss
   c) Pflasterung des Hofes.
7. Der derzeitige bauliche Zustand ist gut, jedoch fehlt der Außenverputz.
8. Der derzeitige Verkaufswert kann mit RM 5000.-- angenommen werden, doch wäre evtl. eine Schätzung des Ortsgerichts notwendig.
9. Die wirtschaftlichen Verhältnisse des Käufers sind gut.
10. Die Ansprüche der Hypothekengläubiger wurden im Kaufvertrag bereits berücksichtigt.
11. nein
12. In dem Anwesen wurde seither ein Gewerbe nicht betrieben. Das Haus soll auch zukünftig als Wohnhaus verwandt werden.

Der Bürgermeister:
I.V.

Bild 19: So genannte „Entjudung" des Besitzes von Sally Reinhardt

7.

Enteignung und Ausplünderung

Nach den massiven Angriffen auf die körperliche Unversehrtheit während und nach dem Novemberpogrom wurde mit der Verordnung über die „Ausschaltung der Juden aus dem Wirtschaftsleben“ vom November 1938 den Juden endgültig die materielle Existenzgrundlage entzogen.[37] Diejenigen Firmenbesitzer, die den Boykott-Aufrufen, der antisemitischen Propaganda und den Behördenschikanen noch standgehalten hatten, wurden jetzt per Verordnung gezwungen, ihre Unternehmen erheblich unter dem tatsächlichen Wert zu verkaufen.

In Heusenstamm wurden die Einzelhandelsgeschäfte von Moritz Frankfurter und Emil Schönmann aufgelöst, der jüdische Metzger Hugo Rollmann musste seinen Laden schließen, weil ihm Schlachthausverbot erteilt worden war.[38] Auf Arbeitgeber wurde so lange Druck ausgeübt, bis sie ihre jüdischen Beschäftigten entließen. Ihren Lebensunterhalt mussten diese jetzt aus Gespartem oder durch Unterstützung von Verwandten oder der Jüdischen Gemeinde finanzieren. Letzteres war in Heusenstamm kaum möglich – gab es doch keine reichen Gemeindemitglieder, die die Kasse hätten füllen können.

In der ersten Hälfte des Jahres 1939 folgte mit der so genannten „Entjudung des Grundbesitzes“ der Zwangsverkauf allen jüdischen Grundbesitzes. Zwangsverkauft werden mussten in Heusenstamm insgesamt 8 Häuser, in denen jüdische Familien zum Teil seit Generationen gewohnt hatten, dazu kleine Hofflächen. Hinzu kamen noch insgesamt 7000 Quadratmeter Wiesen und Ackerland, zwei Häuser im Besitz der mittlerweile in Offenbach lebenden Brüder Doiny, das Gebäude der ehemals jüdischen Firma Kiewe[39] und die Synagoge.[40]

Käufer des jüdischen Besitzes waren nur in zwei Fällen Unternehmen, ansonsten waren es Privatleute – Nachbarn, die die günstige Gelegenheit zur Vergrößerung

37 Vgl. zum Folgenden : Beez, Fischer a.a.O., S. 103 ff

38 StA Heusenstamm, Abt. XIII, Abschn. I, Konv. I, Fasz. 24 und 34

39 Die Gebrüder Kiewe begannen 1928 in Heusenstamm mit der Produktion hochwertiger Kristallwaren. Obwohl sich ihre Geschäfte gut entwickelten und sie bald mehr als 40 Arbeiter beschäftigten, verlegten sie ihren Firmensitz 1933 nach England., Vgl. Beez, Fischer a.a.O., S. 11 ff

40 StA Heusenstamm, Abt. XIII, Abschn. I, Konv. I, Fasz. 34

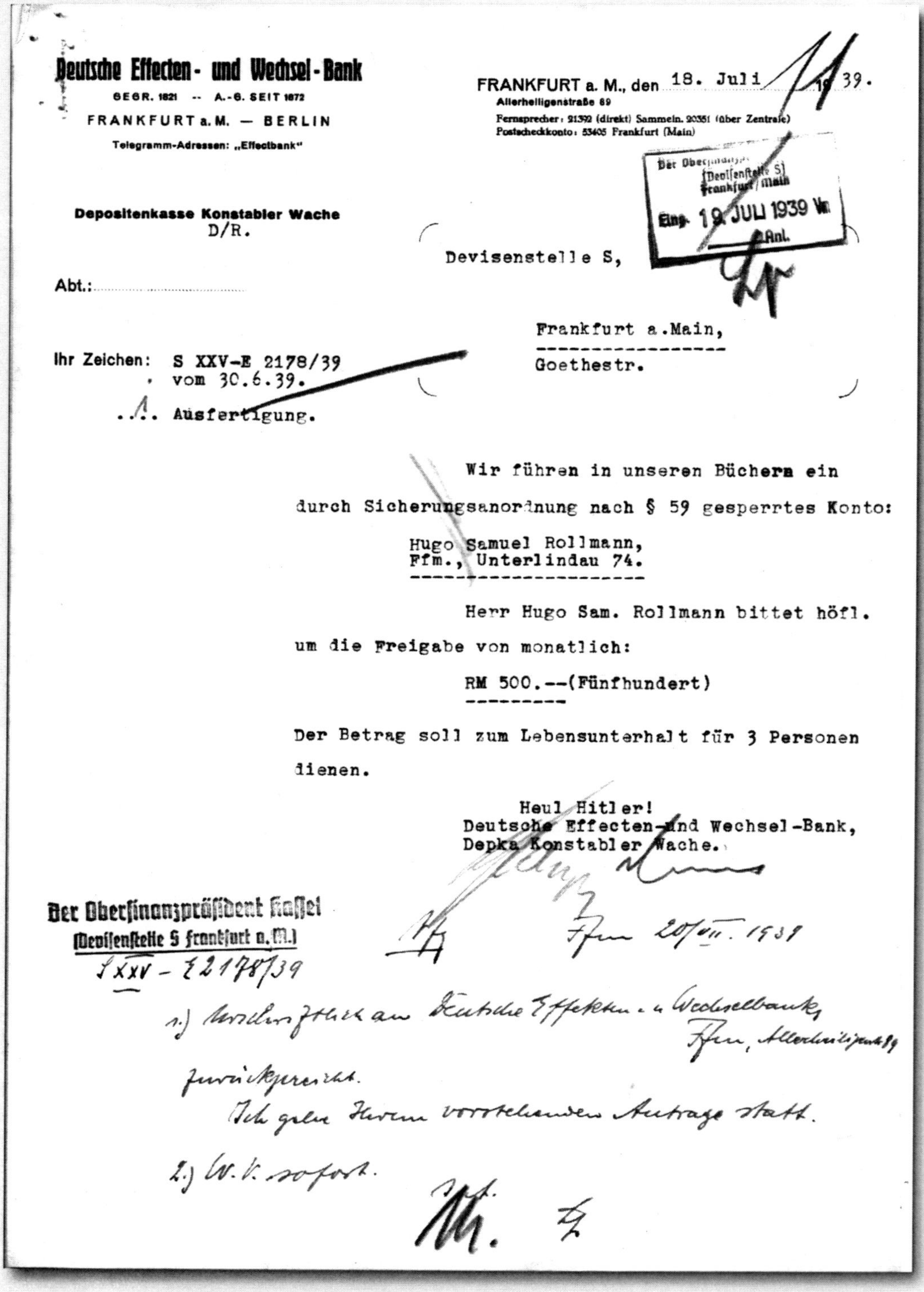

Deutsche Effecten- und Wechsel-Bank
GEGR. 1821 -- A.-G. SEIT 1872
FRANKFURT a. M. — BERLIN
Telegramm-Adressen: „Effectbank"

FRANKFURT a. M., den 18. Juli 1939.
Allerheiligenstraße 89
Fernsprecher: 21392 (direkt) Sammeln. 20351 (über Zentrale)
Postscheckkonto: 53405 Frankfurt (Main)

Der Oberfinanzpräsident
Devisenstelle S
Frankfurt/Main
Eing. 19. JULI 1939
Anl.

Depositenkasse Konstabler Wache
D/R.

Abt.:

Devisenstelle S,

Frankfurt a.Main,
Goethestr.

Ihr Zeichen: S XXV-E 2178/39
vom 30.6.39.

..1.. Ausfertigung.

Wir führen in unseren Büchern ein durch Sicherungsanordnung nach § 59 gesperrtes Konto:

Hugo Samuel Rollmann,
Ffm., Unterlindau 74.

Herr Hugo Sam. Rollmann bittet höfl. um die Freigabe von monatlich:

RM 500.--(Fünfhundert)

Der Betrag soll zum Lebensunterhalt für 3 Personen dienen.

Heil Hitler!
Deutsche Effecten-und Wechsel-Bank,
Depka Konstabler Wache.

Der Oberfinanzpräsident Kassel
(Devisenstelle S Frankfurt a. M.)
S XXV - E 2178/39

Ffm 20/VII. 1939

1.) Urschriftlich an Deutsche Effekten- u. Wechselbank, Ffm, Allerheiligenstr. 89 zurückgereicht.
Ich gebe Ihrem vorstehenden Antrage statt.

2.) W.V. sofort.

Bild 20: Staatsarchiv-Akten zur Familie Rollmann

ihres Anwesens nutzten.[41] Der Preis wurde nicht frei verhandelt. Von amtlicher Seite festgelegt, lag er erheblich unter dem tatsächlichen Wert.[42] Im Fall des Hauses von Isidor Gutenstein wurde der Preis von der Behörde noch einmal heruntergesetzt.[43]

So profitierten manche Heusenstammer von der Notlage der Juden und kamen auf billige Weise in den Besitz von Haus und Grundstück. Zu regelrechten Schleuderpreisen konnte die Wohnungseinrichtung der jüdischen Nachbarn erworben werden. Die jüdischen Familien standen unter Druck, sie brauchten Geld für die „Judenvermögensabgabe" an den NS-Staat[44], für ihren Lebensunterhalt, für die Auswanderung.

Der Erlös aus den Verkäufen ging auf ein Sperrkonto, auf das der ehemalige Eigentümer nur im Ausnahmefall Zugriff hatte. Ein aufwändig bürokratisches, diskriminierendes Verfahren war vorgeschaltet:[45] Hugo Rollmann, nach Zwangsauflösung seiner Metzgerei ohne Erwerbseinkommen, benötigt für den Lebensunterhalt für sich und seine Familie Geld von seinem Konto. Er stellt den Antrag bei der kontoführenden Bank, die dann bei der Devisenstelle des Oberfinanzamts die Freigabe erbittet. Noch gibt es keine Ablehnungsvordrucke. Handschriftliche Vermerke weisen auf das Ermessen der Behörde und den individuellen Spielraum des Beamten hin.[46] Hugo Rollmann hat Glück gehabt: Dem Antrag wird stattgegeben, die Auszahlung kann für dieses Mal erfolgen.

41 Ebenda

42 Durchführungserlass über die Verordnung vom 3.12.1938
Vgl. Offenbacher Nachrichten vom 21.2.1939, Stadtarchiv Offenbach

43 HHStA Wiesbaden, Abt. 518, Nr. 24820 und RE, Nr. 26926

44 Die im November 1938 erhobene Strafabgabe belief sich auf 20% des individuellen Gesamtvermögens und war in vier Raten bis August 1939 zu zahlen.
Vgl. Susanne Meinl, Jutta Zwilling, Legalisierter Raub: Die Ausplünderung der Juden im Nationalsozialismus, Frankfurt 2004, S. 120ff

45 Ebenda

46 HHStA Wiesbaden, Abt. 519-3, Nr. 5796-5798

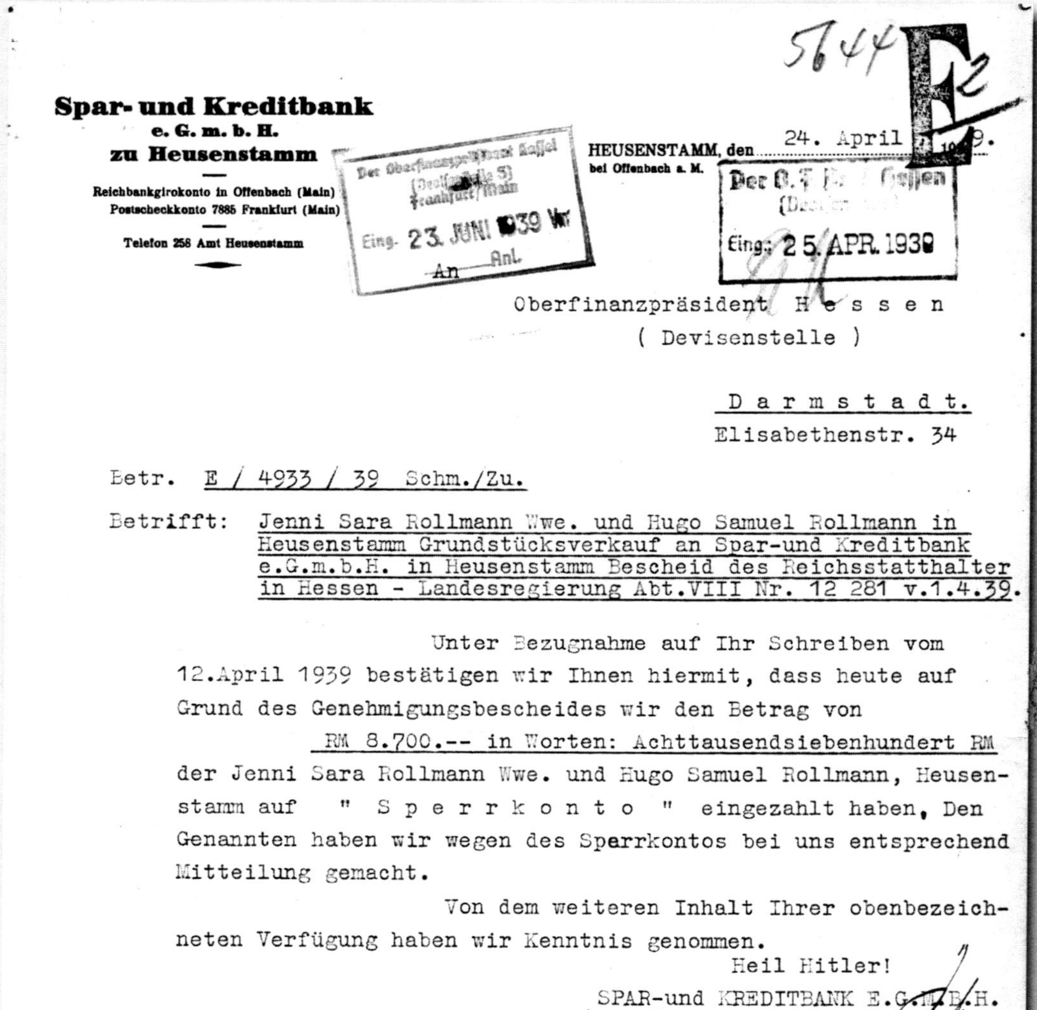

Spar- und Kreditbank
e. G. m. b. H.
zu Heusenstamm

Reichbankgirokonto in Offenbach (Main)
Postscheckkonto 7885 Frankfurt (Main)

Telefon 258 Amt Heusenstamm

Der Oberfinanzpräsident Kassel (Devisenstelle S) Frankfurt/Main
Eing. 23. JUNI 1939
An Anl.

HEUSENSTAMM, den 24. April 1939.
bei Offenbach a. M.

Der O. F. P. [illegible] Hessen (Devisenstelle)
Eing. 25. APR. 1939

Oberfinanzpräsident H e s s e n
(Devisenstelle)

D a r m s t a d t.
Elisabethenstr. 34

Betr. E / 4933 / 39 Schm./Zu.

Betrifft: Jenni Sara Rollmann Wwe. und Hugo Samuel Rollmann in Heusenstamm Grundstücksverkauf an Spar-und Kreditbank e.G.m.b.H. in Heusenstamm Bescheid des Reichsstatthalter in Hessen - Landesregierung Abt.VIII Nr. 12 281 v.1.4.39.

Unter Bezugnahme auf Ihr Schreiben vom 12.April 1939 bestätigen wir Ihnen hiermit, dass heute auf Grund des Genehmigungsbescheides wir den Betrag von

RM 8.700.-- in Worten: Achttausendsiebenhundert RM

der Jenni Sara Rollmann Wwe. und Hugo Samuel Rollmann, Heusenstamm auf " S p e r r k o n t o " eingezahlt haben, Den Genannten haben wir wegen des Sperrkontos bei uns entsprechend Mitteilung gemacht.

Von dem weiteren Inhalt Ihrer obenbezeichneten Verfügung haben wir Kenntnis genommen.

Heil Hitler!
SPAR-und KREDITBANK E.G.M.B.H.
zu HEUSENSTAMM.

Bild 21: Staatsarchiv-Akten zur Familie Rollmann

14

Jude: Hugo Jsrael Rollmann
Frankfurt a/Main.

Unterlindau 74.

Kennummer: A. 00232. Offenbach.

Akt. J.S. 13 - 6714.

Der Oberfinanzpräsident ...
(Devisenstelle S)
Frankfurt/Main
Eing. 1. SEP. 1941 Vm
Anl.

An die Devisenstelle Frankfurt a/Main.

Betreffs: Antrag auf Genehmigung der Freigabe des Wochenlohnes meiner Ehefrau von zirka 10.- RM.

Meine Ehefrau ist seit dem 25. August d.J. in der Pension von Josef Jsrael Heching in Frankfurt a/M. Altkönigstrasse 19. part. beschäftigt und verdient pro Woche zirka 10.-RM.

Habe ein Verfügungskonto bei der Deutschen Effeckten und Wechselbank in Frankfurt a/M. in Höhe von Monatlich 250.-RM.

Durch die Überweisung dieses kleinen Betrages zur Bank , entstehen Unkosten, daher bitte ich um Freigabe desselben.

Frankfurt a/Main, den 29. August 1941.

Hugo Israel Rollmann

Bild 22: Staatsarchiv-Akten zur Familie Rollmann

In den Briefen aus der Verwandtschaft von Rosa Rollmann zeigen sich die Schwierigkeiten und auch die verzweifelten Hoffnungen im Hinblick auf die Auswanderung nach Amerika:

28. 4. 1940: *„Onkel Julius hat endlich die Bürgschaft in Stuttgart."*

5. 5. 1940: *„Onkel Julius soll inzwischen Nachricht haben, dass seine Bürgschaften nicht genügen. Ich habe ihn selbst noch nicht gesprochen…, falls Frieda dort keine Hilfe für ihre Eltern finden kann, ob sie nicht Rita (in Palästina) veranlassen könnte, von ihren überschüssigen Mitteln die erforderlichen Dollars nach New York zur Verfügung zu stellen. Es ist schon traurig, dass Julius nicht vorwärts kommt."*

13. 5. 1940: *„Wegen Onkel Julius hatte ich Dir letzte Woche schon geschrieben und möchte auf seine Veranlassung Dich nochmals auf ihn aufmerksam machen. Seine beiden Bürgschaften sind ungenügend, auch bei Frieda und Manfred ist das Vermögen und Einkommen zu gering. Julius meint, wenn Du Dich mal an die Borkener Cousine, Hotelbesitzerin in New York oder deren Bruder in Chicago, der in guten Verhältnissen leben soll, wenden würdest oder von letzterem wenigstens die Adresse hierher berichten könntest. Vielleicht sind Dir sonst geeignete Verwandte bekannt geworden. Wie ist es zum Beispiel mit den Würzburgern? Nach Nashville … hat Julius selbst geschrieben. Er erwähnt noch, dass eine eventuelle Bürgschaft außer den Vermögens- und Einkommensangaben mit den Bankbestätigungen, den nahen Verwandtschaftsgrad und ferner den Satz enthalten müssen: „Wir haften für Obdach, sowie für den Lebensunterhalt, so dass solche niemals dem Staate zur Last fallen." Letzteres betrachtet Julius als reine Formsache. Wir hoffen, in der Sache etwas von Dir zu hören…"*

22. 1 1941: *„Onkel Julius hat angeblich in voriger Woche wegen Elternbürgschaft und Zusatzbürgschaft an Frieda telegraphiert."*

6. 3. 1941: *„Onkel Julius wartet auf Nachricht aus Stuttgart, nachdem vor einigen Wochen neue Bürgschaft und Zusatzbürgschaft von Frieda abgesandt wurde."*

26. 4. 1941: „Onkel Julius hat endlich genügende Bürgschaften und das Geld für seine Schiffsplätze sei bei der Hapag einbezahlt, so dass er jetzt auf seine Vorladung nach Stuttgart wartet."

…am 19. Oktober 1941 wurden Julius und Johanna Reichenberg aus Frankfurt nach Lodz ... verschleppt…

Aus: Monica Kingreen, Jüdisches Landleben in Windecken,Ostheim und Heldenbergen, Hanau 1994, S. 185 f

8.

Auswanderung – unter welchen Bedingungen ?

Die meisten Juden zögerten lange, ihre Heimat zu verlassen.

Nur wenn bereits Kinder oder Geschwister den Schritt gewagt hatten, fiel die Entscheidung etwas leichter. Aber auch dann stellte der Entschluss zur Auswanderung viele vor äußerst schwierige Probleme. Schon die Klärung der Frage „Wohin können wir gehen?", war extrem schwer. So war z. B. die Erteilung von Einwanderungszertifikaten nach Palästina an bestimmte berufliche Qualifikationen gebunden. Die überwiegend im Handel tätigen Juden aus den kleineren Gemeinden oder ländlichen Bereichen hatten hier Probleme.

Die Vereinigten Staaten hatten zwar auf Druck der europäischen Länder nach 1938 ihre Einwanderungsquoten erhöht, aber sie verlangten für die Einreise ein so genanntes Affidavit, eine Art der Bürgschaft, ausgestellt von bereits in den USA lebenden Angehörigen. Das Problem für die meisten Auswanderungswilligen war, dass die Verwandten und Freunde, denen die Auswanderung oder Flucht bereits gelungen war, in ihren neuen „Heimat"-Ländern nur selten schon in stabilen Verhältnissen lebten. Die Bürgschaften, die für die Visa erbracht werden mussten, verlangten genaue Vermögens- und Einkommensangaben mit Bankbestätigungen. Darüber hinaus gab es für die Gewährung Abstufungen, den unterschiedlichen Verwandtschaftsgrad betreffend. Elternbürgschaften z.B. waren günstiger.

Die Juden aus Heusenstamm verfügten nicht über das notwendige Kapital: Schiffspassagen waren teuer, bei der Ausreise musste eine „Reichsfluchtsteuer" gezahlt werden. Hinzu kamen die Kosten für Visa.

Und die Nazis plünderten die zur Flucht Entschlossenen vorher aus.

Nach 1938 hatten die Juden wenige Möglichkeiten, über eigene Gelder und Vermögen zu verfügen. Die Erlöse aus den erzwungenen Hausverkäufen waren unangemessen und sie lagen auf Sperrkonten des Nazistaates. Der gesamte Besitz musste zurückgelassen werden. Falls von irgendwoher noch Geld da war, gestaltete sich auch der Kapitaltransfer schwierig. Er war nur beschränkt möglich, zudem teuer.

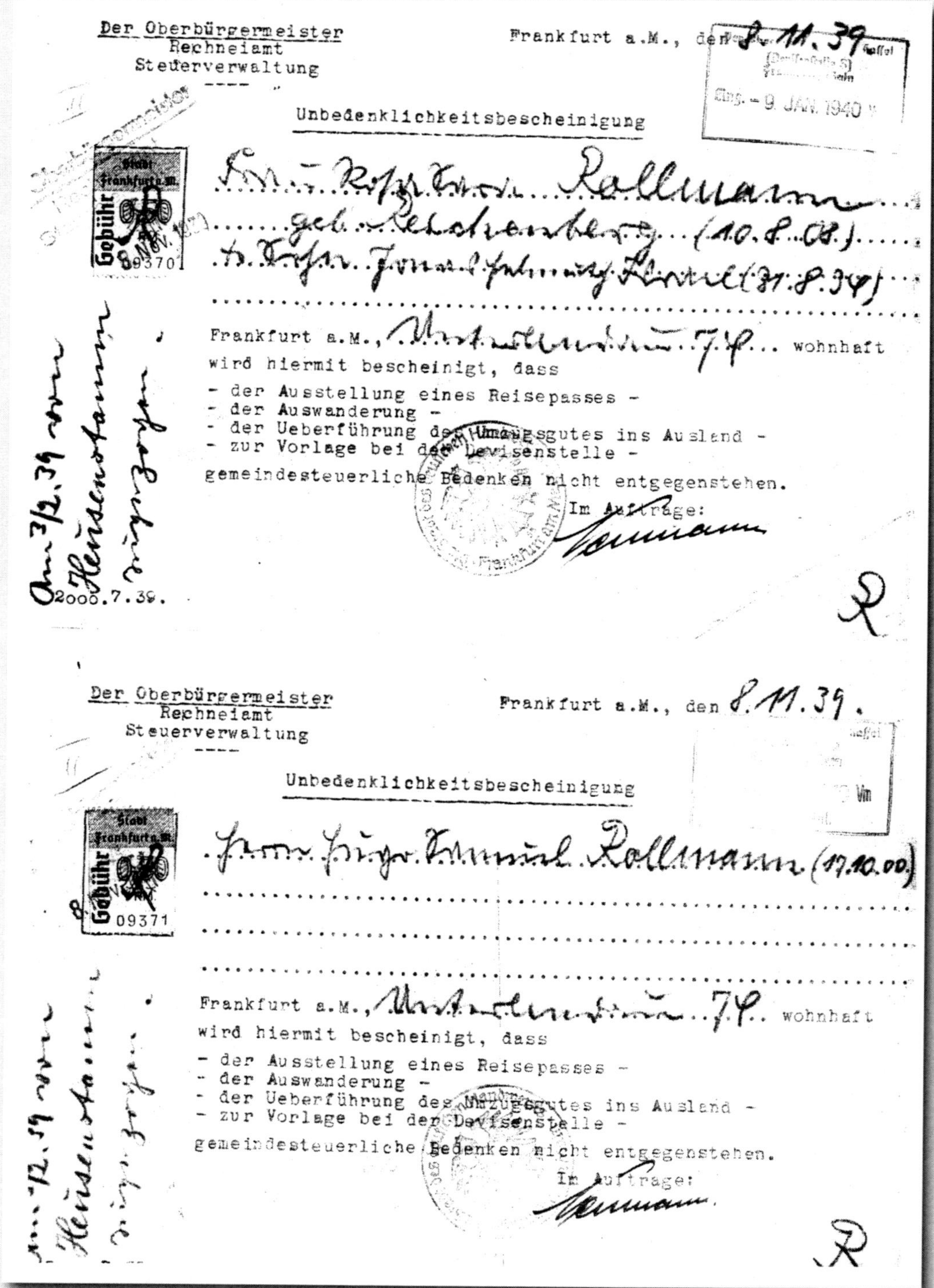

Der Oberbürgermeister
Rechneiamt
Steuerverwaltung

Frankfurt a.M., den 8.11.39

Eing. – 9. JAN. 1940

Unbedenklichkeitsbescheinigung

Gebühr 09370

... Rollmann
geb. ... (10.8.08)
... (31.8.34)

Frankfurt a.M., ... 74 ... wohnhaft
wird hiermit bescheinigt, dass
- der Ausstellung eines Reisepasses -
- der Auswanderung -
- der Ueberführung des Umzugsgutes ins Ausland -
- zur Vorlage bei der Devisenstelle -
gemeindesteuerliche Bedenken nicht entgegenstehen.

Im Auftrage:

2000.7.39.

Der Oberbürgermeister
Rechneiamt
Steuerverwaltung

Frankfurt a.M., den 8.11.39.

Unbedenklichkeitsbescheinigung

Gebühr 09371

... Rollmann (17.10.00)

Frankfurt a.M., ... 74 ... wohnhaft
wird hiermit bescheinigt, dass
- der Ausstellung eines Reisepasses -
- der Auswanderung -
- der Ueberführung des Umzugsgutes ins Ausland -
- zur Vorlage bei der Devisenstelle -
gemeindesteuerliche Bedenken nicht entgegenstehen.

Im Auftrage:

Bild 23: Unbedenklichkeitserklärung für Familie Rollmann

Sich aus familiären und vertrauten Bezügen zu lösen, eine neue Sprache erlernen und sich beruflich neu orientieren zu müssen, erschwerte jede Überlegung zusätzlich.

Die Juden aus Heusenstamm taten sich schwer mit dem Entschluss.

Obwohl drei Kinder in den USA lebten, die bereits Mitte der 20er bzw. 30er Jahre ausgewandert waren, kehrte Fanny Reinhardt aus Heusenstamm nach einem Besuch in die Staaten, wahrscheinlich im Jahr 1938, in die Feldstraße 12 zurück – „aus Heimweh", sagt das Ehepaar Bauer. Aber sie wissen auch, dass andere Probleme die Reinhardts in ihrer Entscheidung bedrängten. Die jüngste Tochter, Selma, lebte noch in Deutschland. Zu Beginn des Jahres 1938 war Malchen Reinhardt, eine fast 80-jährige Verwandte, zu ihnen nach Heusenstamm gezogen. Das Wohnhaus in der Feldstraße 12 war nicht verkauft.

Und welchen Aufwand bedeutete es, den Auswanderungsantrag in Deutschland auf den Weg zu bringen! Behördengänge, Aufstellung von Vermögenslisten, Umzugsgutlisten etc.; und das alles bei den erheblichen Beschränkungen in ihrer Mobilität, denen die Juden unterlagen. Konsulate gab es nur in den großen Städten. Die Wartezeiten bei der Bearbeitung zermürbten die Antragsteller. Sie ahnten, dass sie keine Zeit mehr hatten. Hugo Rollmann plante die Auswanderung mit seiner Familie sofort nach seinem Umzug nach Frankfurt zu Beginn des Jahres 1939. Obwohl Verwandte seiner Frau bereits in den USA lebten und er die kleinlich vorgeschriebenen Forderungen der Behörden zu erfüllen versuchte[47], gelang es ihm nicht, die notwendigen Voraussetzungen für die Ausreise zu schaffen.

Der Ausbruch des Krieges brachte über die Besetzung der Nachbarländer durch die deutsche Wehrmacht neue Probleme für den Transit. Juden, die nach Frankreich, Belgien oder Holland emigriert waren, befanden sich plötzlich in Ländern, die von den Deutschen besetzt waren. Wieder mussten die Juden um ihr Leben fürchten, sich verstecken oder in andere Länder zu fliehen versuchen. Familien mit Kindern stellte das vor fast unüberwindbare Schwierigkeiten.[48] Bernhard Frankfurter floh Mitte 1939 vor der Gestapo nach Brüssel. 1940 fielen die Deutschen in Belgien ein und besetzten am 17. Mai Brüssel. Bernhard Frankfurter war wieder Verfolgter.

---

47 Vgl. die Dokumente „In den Briefen..." S.48

48 Vgl. Werner, Klaus, Zur Geschichte der Juden in Offenbach am Main, Offenbach 1988, Band 1, S. 116 ff

Bild 24: Sally Reinhardt (rechts mit Hut) beim Kommunionsfest des Nachbarn Uhl in der Feldstrasse, 1902

* 1917
~ 1935
Südafr

Bild 25: Musikergruppe um 1930, Max Reinhardt vorne rechts an der großen Trommel, rechts neben ihm sein Freund August Bauer mit Geige

9.

„Sie waren schon in Amerika – und sind zurückgekommen …“

Familie Reinhardt – Feldstraße 12

„Der Max war der Jude und ich halt der Protestant…“

Das berichtet August Bauer, heute 95 Jahre alt:

„Ich war evangelisch und immer, wenn die anderen katholischen Religionsunterricht hatten, hatten wir frei, der Max und ich,… und dann sind wir in Heusenstamm rumgestromert …. So begann unsere Freundschaft.“

Max Reinhardt und August Bauer waren aktive Turner im Turnverein Heusenstamm (TV). Auch Alfred Reinhardt, der ältere Bruder von Max R., ist den alten Heusenstammern noch als Keulenschwinger des TV bekannt.

„Die haben dann Lichter oder Fackeln an die Stäbe gemacht und sie im Dunkeln geschwungen…“, erinnert sich eine ältere Heusenstammerin.

Die Reinhardts lebten in der Feldstraße 12, etwas außerhalb des alten Ortskerns, südlich der Frankfurter Straße.

Fanny Reinhardt wird hier als Fanny Kahan oder Kahn am 25. August 1879 geboren. 1903 heiratet sie Sally Reinhardt. Er stammt aus Wachenbuchen in der Nähe von Hanau. Er ist Bäcker wie sein Vater und arbeitet in Offenbach bei der Bäckerei Krebs am Wilhelmsplatz. Im 1. Weltkrieg wird er Soldat und kommt im Oktober 1920 nach Heusenstamm zurück.

Die Reinhardts haben sechs Kinder, die in Heusenstamm in die Schule gehen, das siebte stirbt noch im ersten Lebensjahr.

Der älteste Sohn Jakob, 1904 geboren, wandert wahrscheinlich 1934 oder 35 über England in die USA aus. Dort lebt seit 1926 sein jüngerer Bruder Alfred, 1909 geboren. Der hatte in Heusenstamm eine kaufmännische Lehre bei der Süddeutschen Bein- und Cellulosefabrik gemacht und in einer Fahrradwerkstatt gearbeitet, hatte dann aber für sich in Deutschland keine Zukunft gesehen, wie er in einem Brief an

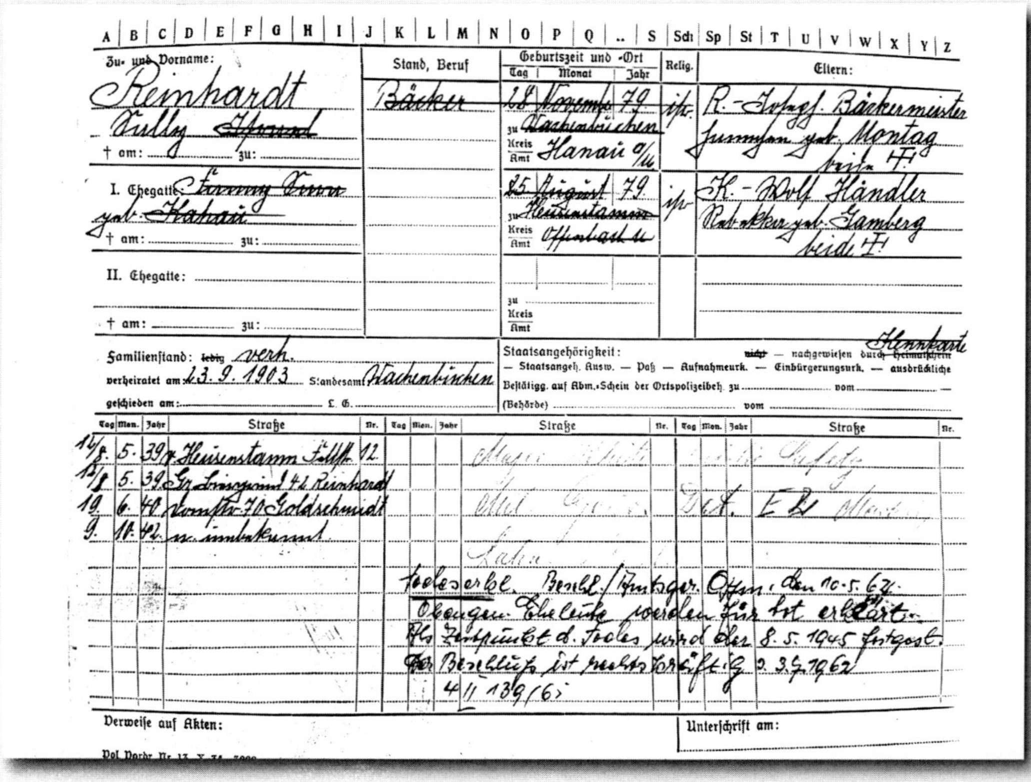

A B C D E F G H I J K L M N O P Q .. S Sch Sp St T U V W X Y Z

Zu- und Vorname: Reinhardt Sally

Stand, Beruf: Bäcker

Geburtszeit und -Ort: 28 November 79, zu Wachenbuchen, Kreis Hanau

Relig.: isr.

Eltern: R. - Josef Bäckermeister, Jeannette geb. Montag, beide †

† am: zu:

I. Ehegatte: Fanny Tona geb. Kahan

25 August 79, zu Heusenstamm, Kreis Offenbach

isr.

K. - Wolf Händler, Rebekka geb. Gamberg, beide †

† am: zu:

II. Ehegatte:

† am: zu:

Familienstand: ledig verh.

verheiratet am: 23. 9. 1903 Standesamt Wachenbuchen

geschieden am: L. G.

Staatsangehörigkeit: nicht — nachgewiesen durch Kennkarte

— Staatsangeh. Ausw. — Paß — Aufnahmeurk. — Einbürgerungsurk. — ausdrückliche Bestätigg. auf Abm.-Schein der Ortspolizeibeh. zu ... vom ... (Behörde) ... vom ...

Tag	Mon.	Jahr	Straße	Nr.
12/8.	5.	39	v. Heusenstamm Feldstr.	12
12/8	5.	39	Gr. Biergrund 42 Reinhardt	
19.	6.	40	Frankfurter 70 Goldschmidt	
9.	10.	42	u. unbekannt	

Todeserkl. Beschl. Amtsger. Offbn. den 10.5.62. Obengen. Eheleute werden für tot erklärt. Als Zeitpunkt d. Todes wird der 8. 5. 1945 festgest. Der Beschluß ist rechtskräftig. v. 3.7.1962 4 II 139/61

Verweise auf Akten:

Unterschrift am:

Bild 26: Meldekarte von Sally und Fanny Reinhardt

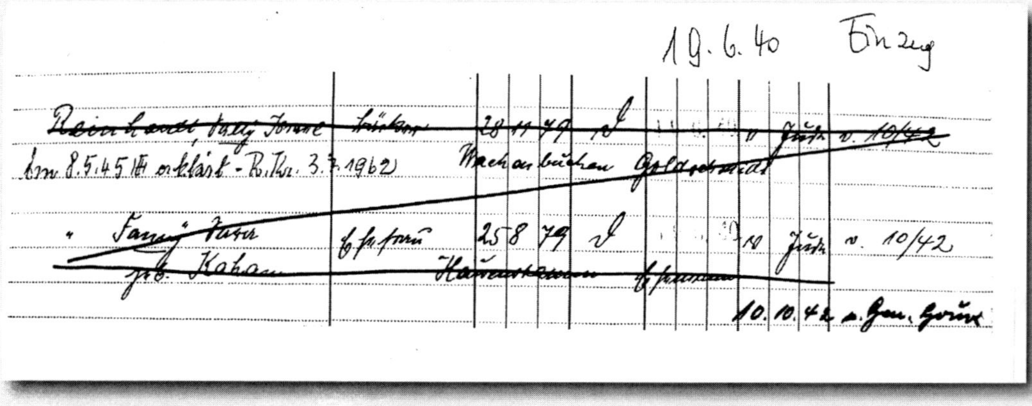

19. 6. 40 Einzug

Reinhardt, Sally Israel Bäcker 28 11 79 isr. ... Jüd. v. 10/42

am 8.5.45 f. tot erklärt - R. Kr. 3.7.1962 Wachenbuchen Goldschmidt

Fanny Sara Ehefrau 25 8 79 isr. ... 10 Jüd. v. 10/42

geb. Kahan Heusenstamm Ehefrau

10. 10. 42 n. Gen. gouv.

Bild 27: Die Deportation von Sally und Fanny Reinhardt, so wie sie die Offenbacher Behörde dokumentiert

die Offenbach Post später schreibt[49]. 1931 kommt Alfred noch einmal für drei Monate nach Heusenstamm.

Max Reinhardt, geboren 1912, lernt in der Lederwerkstatt von Peter Helm in der Paulstraße Feintäschner. Er wandert vermutlich 1935 nach Kapstadt in Südafrika aus, betreibt dort ein Lederwarengeschäft und kommt nach dem Krieg oft zur Offenbacher Lederwarenmesse. Dann ist er auch in Heusenstamm Gast bei seinem Freund August Bauer und dessen Familie.

Henny (Hertrude) Reinhardt wird 1913 geboren. Sie geht 1930 als Praktikantin für ein Jahr nach Bad Kreuznach in eine Familie, bei der sie im Haushalt hilft. Ab 1932 findet sie dort als Haustochter wieder Arbeit. 1934 folgt sie ihren Geschwistern und meldet sich aus Heusenstamm nach Washington, USA, ab. Auch sie steht lange, bis in die 90er Jahre, im Kontakt mit der Familie Bauer.

Siegfried Reinhardt wird 1906 als zweitältester Sohn geboren. Er lernt das Bäckerhandwerk wie sein Vater und Großvater. Nach dem An- und Abmeldeverzeichnis der Gemeinde Heusenstamm aus den Jahren nach 1920 ist Siegfried ständig an anderen Orten, wahrscheinlich, um beruflich dazuzulernen und Geld zu verdienen. Er arbeitet in Frankfurt, in Hergershausen, in Lothringen, in Zürich und schließlich in Wachenbuchen beim Bäckermeister Reinhardt.

Im September 1928 kommt er nach Offenbach und findet Arbeit in der Bäckerei Krebs am Wilhelmsplatz, wo auch sein Vater beschäftigt ist. Er heiratet, hat drei Kinder mit seiner ersten Frau. Im September 1942 wird er zusammen mit seiner zweiten Frau und dem kleinen Sohn Leo aus Offenbach nach Polen deportiert und dort ermordet.

Selma Reinhardt, die jüngste Tochter, ist 1916 geboren. Ab 1930 arbeitet sie als Hausmädchen in verschiedenen Haushalten, überwiegend in Frankfurt am Main. 1934 besucht sie ihre Geschwister in Amerika, kommt aber nach einem knappen Jahr im Oktober 1935 aus New York nach Heusenstamm zurück. Von Dezember 1935 bis Dezember 1938 ist sie abwechselnd in Frankfurt oder Heusenstamm als „Haushaltshilfe" oder „Stütze" tätig.

Mit der Inhaftierung im KZ Buchenwald, die Sally Reinhardt wie alle anderen jüdischen Männer aus Heusenstamm trifft, wird die Situation für die Familie immer

49 Vgl. Offenbach Post vom 24.11.1983, S. 21

\- 11 -

Lfd. Nr.	Zuname	Vorname	Fam. Stand	Geburts-datum	Wohnort und Straße
436	Löwenstein	Jakob J.	ledig	14.10.34	Offenbach, Domstr. 66
437	Marx	Paula S.	ledig	11.12.88	" Luisenstr. 6
438	Mayer geb. Lilienthal	Rosa S.	verw.	21. 5.81	" Bettinastr. 68
439	Metz geb. Markus	Paula S.	verw.	5. 2.81	" Taunusstr. 39
440	Müller geb. Weißstock	Berta S.	gesch.	16. 9.95	" Luisenstr. 6
441	Neuhaus	Ludwig J.	verh.	9.10.77	" Kaiserstr. 115
442	Neuhaus geb. Sternberg	Flora S.	verh.	28. 9.85	" " 115
443	Neuhaus	Irma S.	ledig	1. 5.14	" " 115
444	Oppenheimer	Else S.	ledig	13.10.89	" Luisenstr. 6
445	Reichmann	Ludwig J.	verh.	18. 6.79	" Kaiserstr. 83/10
446	Reichmann geb. Boley	Jenny S.	verh.	28. 5.88	" " 83/10
447	Reichmann	Eva S.	ledig	6. 8.16	" " 83/10
448	Reichmann	Hans J.	ledig	18.12.29	" " 83/10
449	Reinhardt geb. Grünewald	Frieda S.	verw.	7. 5.79	" Domstr. 66
450	Reinhardt	Rosa S.	ledig	19. 4.84	" Domstr. 79
451	Reinhardt	Sally J.	verh.	28.11.79	" " 70
452	Reinhardt geb. Kahn	Fanny S.	verh.	25. 8.79	" " 70
453	Reinhardt	Siegfried J.	verh.	31. 5.06	" Domstr. 64
454	Reinhardt geb. Sender	Hilde S.	verh.	21.10.12	" " 64
455	Reinhardt	Leo J.	ledig	26. 5.32	" " 64
456	Rollmann	Johanna S.	ledig	1. 4.93	" Luisenstr. 82
457	Rosenberg	Emil J.	verh.	10.12.87	" Kaiserstr. 115
458	Rosenberg geb. Blum	Fanny S.	verh.	11. 4.99	" " 115
459	Rosenberg	Ruth S.	ledig	15. 7.29	" " 115
460	Rosenberg geb. Hahn	Frieda S.	verw.	20. 5.85	" Luisenstr. 6
461	Rothschild	Hermine S.	ledig	13. 7.91	" Geleitstr. 36
462	Rothschild	Max J.	verh.	22. 4.83	" Kaiserstr. 115
463	Rothschild geb. Brody	Charlotte S.	verh,	4.11.96	" " 115
464	Rozanski geb. Schiller	Henriette S.	verw.	4. 5.87	" " 115
465	Sander	Harry J.		1. 1.83	" Domstr. 68
466	Sichel	Bella S.		17. 4.83	" Kaiserstr. 115
467	Tobias	Ernst J.		9. 3.13	"
468	Silberberg	Mania S.	ledig	7. 1.22	" Luisenstr. 6
469	Sznizer	Lea S.	verw.	1.12.99	" Taunusstr. 44
470	Sznizer	Gerda S.	ledig	5. 9.29	" " 44
471	Sznizer	Jean J.	ledig	20. 2.27	" " 44
472	Schiff	Selma S.		6. 1.06	" Gr. Biergrund 6
472	Schiff	Dorothea S.	ledig	28. 1.33	" " " 6

Die Nummer 472 ist doppelt angeführt.

Bild 28: Kopie aus der Deportationsliste vom 30. 9. 1942 nach Polen. Die Reinhardts sind unter den Verschleppten.

bedrohlicher. 1939 zwingen die Verfolgungsmaßnahmen der Nationalsozialisten Sally und Fanny Reinhardt zum „Verkauf" des Hauses Feldstraße 12. Im Mai 1939 ziehen sie nach Offenbach in den Großen Biergrund 42. Selma geht mit den Eltern.

Die letzte Wohnstätte der Reinhardts in Offenbach, Domstraße 70, bezieht Selma aber nicht mehr mit. Sie geht 1940 nach Frankfurt. Von dort kann sie nach Amerika emigrieren. Nach dem Krieg lebt sie in New York.

Fanny Reinhardt muss vor 1938 in den USA bei ihren Kindern gewesen sein, vielleicht auch Sally Reinhardt. Wie alte Heusenstammer erzählen, kamen sie „aus Heimweh" zurück. Aber hinter dem „Heimweh" steht vieles, was für die Familie ungeklärt ist. Ihre jüngste Tochter Selma ist in Deutschland, ihre finanzielle Lage ist unsicher, ihr Haus steht in Heusenstamm...

Der Sohn in Amerika, Alfred, bemüht sich 1939, die Familie in die USA zu holen. Es gelingt ihm „wegen des Krieges" nicht mehr.

Im Spätsommer 1942 werden Sally und Fanny Reinhardt und ihr Sohn Siegfried mit seiner Familie aus ihren Offenbacher Wohnungen in der Domstraße abgeholt und zum zentralen Sammelplatz an der großen Offenbacher Synagoge in der Goethestraße gebracht. Von dort verschleppt man sie nach Darmstadt in die Liebigschule, wo Juden aus ganz Hessen auf engem Raum zusammengepfercht auf ihren Abtransport warten.

Bei der großen Deportation am 30. September 1942 von Darmstadt in die Vernichtungslager Treblinka und Ibizca sind Sally und Fanny Reinhardt, ebenso ihr Sohn Siegfried mit seiner Familie, dabei. Vermutlich sind alle sofort bei der Ankunft in Treblinka ermordet worden.

Sie werden durch das Offenbacher Amtsgericht am 10.5.1962 für tot erklärt. Als Zeitpunkt des Todes wird der 8.5.1945 festgelegt.

An Amalie Reinhardt, genannt Malchen, geb. 1859, erinnert sich keiner der noch lebenden Zeitzeugen. Dennoch kam sie, knapp 80-jährig, aus Angst vor den zunehmenden Repressionen im Januar 1938 aus Frankfurt nach Heusenstamm in die Feldstraße 12. Sie lebte dort wohl sehr zurückgezogen. Wahrscheinlich war sie eine Tante von Sally Reinhardt. Im Januar 1939 zieht sie nach Frankfurt in ein Haus auf der Zeil 35. Ihre letzte Frankfurter Adresse ist das Krankenhaus der Israelitischen Gemeinde in der Gagernstraße. Am 18. August 1942 wird sie im Alter von 83 Jahren

Reinhardt, Amalie (Malchen) geb. Morgenstern	*27.07.1859	Schorchenhausen bei Dieburg		
verwitwet	07.01.1938	Heusenstamm		
	16.01.1939	Zwangsumzug nach Frankfurt		
	18.08.1942	Deportation ins Ghetto Theresienstadt		
	† 19.01.1943	Theresienstadt		
Reinhardt, Sally	*28.11.1876	Wachenbuchen	Vater:	Josef Reinhardt
			Mutter:	Hannchen Reinhardt, geb. Montag
	23.09.1903	Heirat mit Fanny Reinhardt		
	10.11.1938	KZ Buchenwald (5 Wochen)		
	Mai 1939	Zwangsumzug nach Offenbach		
	10.10.1942	Deportation[1] nach Polen 66-jährig in Treblinka ermordet		
Reinhardt, Fanny, geb. Kahan	*25.08.1879	Heusenstamm	Vater:	Wolf Kahan
			Mutter:	Rebekka Kahan, geb. Gamberg
	23.09.1903	Heirat mit Sally Reinhardt		
	Mai 1939	Zwangsumzug nach Offenbach		
	30.09.1942	63-jährig Deportation[2] nach Polen wahrscheinlich in Treblinka ermordet		
Reinhardt, Jakob	*23.03.1904	Heusenstamm		
	17.10.1934	ausgewandert nach New York		
Reinhardt, Siegfried	*31.05.1906	Heusenstamm		
	1928	Umzug nach Offenbach		
	30.09.1942	im Alter von 36 Jahren mit seiner Frau und dem 10-jährigen Sohn ins Vernichtungslager Treblinka deportiert		
Reinhardt, Alfred	*17.06.1909	Heusenstamm		
	06.10.1926	ausgewandert nach USA.		
Reinhardt, Max	*21.01.1912	Heusenstamm		
	1935	ausgewandert nach Kapstadt, Südafrika		
Reinhardt, Hertrude	*15.09.1913	Heusenstamm		
	1934	ausgewandert nach New York		
Reinhardt, Selma	*05.01.1916	Heusenstamm		
	Mai 1939	Zwangsumzug nach Offenbach		
	1940	Zwangsumzug nach Frankfurt (?) Flucht in die USA, New York		
Reinhardt, Josef	*20.01.1925	Heusenstamm		
	†1925			

1 In den Deportationslisten vom 30.09.1942 ab Darmstadt sind Sally und Fanny Reinhardt unter den Nummern 451 und 452 aufgeführt. Wenn in den Offenbacher Archivakten der 9./10.10.1942 als Abmeldedatum steht, ist das auf verspätete Eintragung zurückzuführen.

2 Siehe oben

aus dem Krankenhaus abgeholt, in die Großmarkthalle gebracht und von dort in das Ghetto Theresienstadt deportiert, wo sie nach fünf Monaten stirbt.

Bei der Familie Reinhardt im Haus Feldstraße 12 wohnt seit 1934 Babette Speyer, geboren am 24.10.1879 in Fränkisch Grumbach. Sie hilft im Haushalt. Im Januar 1939 zieht sie – verfolgungsbedingt – nach Frankfurt und stirbt dort wahrscheinlich am 28.Juli 1941.

Auguste Hirsch, geboren am 2.1.1865 oder 1866[50] in Heppenheim, „das Fräulein Hirsch", wie Frau Bauer sich erinnert, wird ebenfalls als zeitweise Bewohnerin des Hauses Feldstraße 12 in der so genannten Judenkartei[51] erwähnt. Sie stirbt am 27. April 1937 und ist auf dem jüdischen Friedhof Heusenstamm beerdigt.

50 Die Inschrift auf dem Grabstein ist unleserlich

51 Ab 1935 musste von den Gemeinden eine gesonderte Kartei für Juden geführt werden

Bild 29: Wohnhaus von Sara und Julius Rollmann in der Eckgasse 2, 1997 abgerissen

10.

Zurückgezogen im Judeneck lebend

Sara und Julius Rollmann – Eckgasse 2

Rollmanns lebten über viele Generationen in Heusenstamm.

1829 wird ein Versteigerungsprotokoll der Jüdischen Gemeinde unter anderem von Joel Rollmann unterzeichnet.[52]

1831 ist Johl (Joel?) Rollmann als Metzgermeister im Zunftbuch eingetragen,

1845 wird Heium Rollmann als Glasermeister in die Zunft aufgenommen.[53]

Im Heusenstammer Plan von Dorf und Schlossanlage von 1843 ist als Eigentümer der „Wohn-Hofraithe" 201 in der Eckgasse Joel Rollmann eingetragen.

Samuel Hirsch Rollmann wird 1835 als Sohn von Joel Rollmann geboren. Auch er ist Metzgermeister. Er wird Gemeindevorsteher der jüdischen Gemeinde und stirbt 1892. Sein Grab finden wir auf dem hiesigen jüdischen Friedhof. Er ist Vater von Jonas Rollmann sowie von Julius und Sara Rollmann, die in den 20er und 30er Jahren in der Eckgasse 2, von Heusenstammern das „Judeneck" genannt, leben.

Julius Rollmann wird am 23.9.1862 in Heusenstamm geboren. Wir wissen kaum etwas über ihn, außer, dass er als Handelsvertreter viel in Frankfurt am Main war, dort – als Witwer – auch zeitweilig lebte. Im Sommer 1938 meldet er sich in die Eckgasse 2 zurück.

„Er .....immer im dunklen Anzug..., ein vornehmer alter Herr", so hat ihn Frau Seipel, eine Nachbarin und damals Kind, in Erinnerung. Nach dem Pogrom 1938 zieht er, von der öffentlichen Stimmung bedrängt, Anfang 1939 gemeinsam mit der Schwester Sara nach Frankfurt, zunächst in die Unterlindau 74, dann in ein jüdisches Altersheim im Reuterweg 91. Seine Schwester geht in ein Altersheim nach Mainz. 1941 regelt er noch im Auftrag der Schwester den Verkauf von Ackerland in Heusenstamm.

52 Vgl. Dittrich, a.a.O., S. 13 f
53 Ebenda

Im Alter von fast 80 Jahren wird Julius Rollmann am 18. 8. 1942 bei der siebten großen Deportation aus Frankfurt in das Ghetto Theresienstadt verschleppt.

„Am 18. August 1942, einem Dienstag, werden 1.022 vornehmlich alte Menschen aus Frankfurt in das Lager Theresienstadt verschleppt.... Mehr als die Hälfte wohnen bis dahin in den zehn jüdischen Altersheimen“[54] ... so wie Julius Rollmann im Reuterweg 91.

„Als Sammelstellen dienen die „Gestapo-Haftstätten“ Rechneigrabenstraße... Zum Teil bringt der Leichenwagen der Jüdischen Gemeinde die Betroffenen zu diesen Heimen. Von dort werden die Menschen auf Last- und Leiterwagen zur Großmarkthalle transportiert, wo hinter dem Ostflügel die Bahnwaggons nach Theresienstadt bereitstehen. Elf Personen sterben bereits während der eintägigen Fahrt. Bei großer Hitze kommt der Zug in Theresienstadt an.“[55]

Julius Rollmann stirbt vier Wochen nach seiner Ankunft im Ghetto.

Seine Schwester Sara Rollmann, am 7.1.1865 in Heusenstamm geboren, lebt sehr zurückgezogen in der Eckgasse. Frau Seipel, eine Nachbarin, erinnert sich, dass „die Frau Zapf am Sabbat immer Feuer für die Sara gemacht hat. Die durften ja nichts machen.“

Ab 1940 lebt Sara Rollmann im jüdischen Altersheim in Mainz, Breidenbacherstr. 25. Von hier wird sie im Sommer 1942 nach Darmstadt verschleppt und in die Liebig-Oberrealschule zwangseinquartiert. Unter furchtbaren Bedingungen lebt sie hier, zusammengepfercht in der Turnhalle mit unzähligen Juden aus allen Teilen Hessens bis zu ihrer Deportation.[56]

Eine Zeugin berichtet: „Ich kann mich erinnern, dass im Sommer 1942 alle Juden aus dem Bereich der Gestapostelle Darmstadt mit LKWs in die Liebigschule gebracht worden sind...In der Schule mussten sich die Frauen bis auf die Schuhe ausziehen und wurden dann in einem Nebenraum von Putzfrauen durchsucht ... Die Juden waren 4-5 Wochen bei dünner Wassersuppe in der Schule und wurden

54 „Und keiner hat für uns Kaddish gesagt“, Deportationen aus Frankfurt/Main 1941-1945, Frankfurt 2004, S.286

55 Ebenda, S. 286

56 Zeugen, deren Aussagen den Akten zum Ermittlungsverfahren gegen den ehemaligen Leiter der Gestapo, Robert Mohr, entnommen sind, berichten, dass die Juden von Kriminal- und Schutzpolizei aus allen Teilen Hessens nach Darmstadt in die Liebigschule gebracht wurden

dann zum Güterbahnhof getrieben. Sie mussten zu Fuß gehen... Auf dem Wege zum Bahnhof wurden sie auch mit Stockschlägen wieder hochgetrieben, wenn sie nicht mehr laufen konnten....In der Schule sind mehrere alte Leute gestorben, weil sie krank und gebrechlich waren. Gerüchteweise wurden sie in einer Grube verscharrt, ich weiß aber nicht wo. Ich habe nicht gesehen oder gehört, daß Leute direkt totgeschlagen wurden."[57]

Als Nr. 712 wird Sara Rollmann am 27. September 1942 im Alter von 77 Jahren in dem Großtransport „Da 520"[58] zusammen mit ca. 1300 „ meist älteren aus Altersheimen evakuierten Juden" ins Ghetto Theresienstadt gebracht. „Wohnsitzverlegung nach Theresienstadt" steht über dem namentlichen Verzeichnis, das die Gestapo angelegt hat. Wenige Tage, bevor Sara Rollmann im Ghetto eintrifft, ist dort ihr Bruder gestorben. Ein halbes Jahr später, am 6. Februar 1943, stirbt auch Sara Rollmann in Theresienstadt.

---

57 Auszug aus der Aussage der ehem. Verwaltungsangestellten bei der Gestapo Darmstadt E.L. vom 8.2.1967 – Akten zum Ermittlungsverfahren gegen den ehem. Leiter der Gestapo Darmstadt, Robert Mohr. Das Verfahren wegen Mordverdachts wurde 1975 mangels Beweisen eingestellt. Abgedruckt in: Darmstadt als Deportationsort, Hrsg. Initiative „Gedenkort Güterbahnhof Darmstadt", April 2004, S. 81

58 „Da" steht für „David", was die Transporte als Judentransporte kennzeichnete.

Bild 30: Rosa Rollmann mit dem Kind ihrer Schwester

Bild 31: Hugo Rollmann (Mitte) auf einem Radausflug mit den Freunden Isidor Gutenstein (rechts) und Jakob Ott (links)

11.

„Sein Hackfleisch war das frischeste…“

Familie Hugo Rollmann – Schulstraße 3

Jonas Rollmann, der Bruder von Julius und Sara Rollmann, baut 1914 das Haus in der Schulstraße 3. Im Jahr 1867 oder 68 in Heusenstamm geboren, arbeitet er später – der Familientradition folgend – als Metzger. Er heiratet Jenny Strauß aus Langenselbold. Sie haben einen Sohn, Hugo. 1909 wird Jonas Rollmann in der Chronik des TV als Ehrenmitglied genannt.

Am 25. April 1917 stirbt er. Sein Grabstein befindet sich auf dem jüdischen Friedhof in Heusenstamm.

Seine Frau Jenny Rollmann lebt weiter im Haus Schulstraße 3, zunächst zusammen mit ihrem Sohn, dann mit dessen Familie.

Der Sohn Hugo Rollmann, 1900 geboren, wird Metzger wie sein Vater. 1932 heiratet er Rosa Reichenberg aus Windecken. Alte Heusenstammer schätzen ihn als besonnenen Menschen; zeitweilig ist er stellvertretender Vorsteher der Jüdischen Gemeinde.

„Sein Hackfleisch war das frischeste… Es wurde ja vor unseren Augen durchgedreht“, erinnern sich einige.

Im Sommer 1934 wird Helmut Rollmann in Offenbach geboren.

„Das war so ein pausbäckiger Bub. Der ist immer mit dem Dreirädchen in der Schulstraße rumgefahren“, weiß Frau Seipel noch.

Am 8. Oktober 1938 erhält Hugo Rollmann ein Schreiben des Heusenstammer NS-Bürgermeisters: „Da Sie anscheinend die Zeichen der Zeit nicht von selbst verstehen, erteile ich Ihnen

Rosel Reichenberg
Hugo Rollmann
VERLOBTE
DEZEMBER 1931
WINDECKEN bei Hanau a.M.
HEUSENSTAMM bei Offenbach a.M.

Bild 32: Verlobungsanzeige von Hugo und Rosa Rollmann

Dieser Vordruck ist nur zu verwenden für Bl. 2 bzw. 2 ff. der Verzeichnisse.

Umzugsgutverzeichnis (Fortsetzung)
(in doppelter Ausfertigung einzureichen)

Der Ob... (Devisenstelle S) Frankfurt/Main – 9. JAN. 1940

Blatt 3

Name: Hugo Israel Rollmann & Familie

Beförderungsart: Reisegepaeck

Antrag vom:

Lfd. Nr.	Abschnitt	Stück	Gegenstand (genaue Bezeichnung)	Einkaufspreis	Anschaffungszeitpunkt	Bemerkungen
51	2	1	Badeanzug (Herrn)	3.-	1937	Ersatz
52	2	2	Arbeitshosen	17.-	1937/38	"
53	2	1	Schlafanzug	8.-	1938	"
54	2	2	Sporthemden	9.-	1938	"
55	2	2	Sommerunterhosen	3.-	"	"
56	2	1	Paar Handschuhe	4.50	"	"
57	2	1	" Hausschuhe	3.80	"	"
58	2	1	Regenmantel	31.-	"	"
59	2	X 2	Anzuege	250.-	1935/38	"
60	2	2	Huete	15.-	1938	"
61	2	3	Muetzen	6.-	1937/38	"
62	~~2~~	~~1~~	~~Lederjacke~~	~~30.-~~	~~1937~~	~~"~~
			Kind im wachsendem Alter			5 Jahre alt
63	2	3	Paar Schuhe	13.50	1937/38	Ersatz
64	2	10	" Struempfe	10.-	1938	"
65	2	1	Trainingsanzug	7.-	"	"
66	2	2	Anzuegelchen	27.-	"	"
67	2	1	Maentelchen	17.-	"	"
69	2	1	Regencape	4.-	"	"
70	2	5	Schlafanzuegelchen	15.-	1937/38	"
71	2	6	Sporthemdchen	15.-	1938	"
72	2	6	Hemden	6.-	1935/38	"teils verwachsen
73	2	2	Sommerpullover	6.-	1938	"
74	2	2	Winterpullover	8.-	"	"
75	2	2	Hosen	9.-	"	"
76	2	6	Polo Blueschen	12.-	"	"
77	2	12	Taschentuecher	2.40	1935/38	"
78	2	3	Muetzen	6.-	1938	"
79	2	6	Kinderbettbezuege	12.-	1935	"
80	2	1	Kinderbadeanzug	2.-	1937	"

Vordruck 1038 (5. 39. 50000.)

Bild 33: Aus dem Umzugsgutverzeichnis der Familie Rollmann

hiermit ausdrücklich Schlachthausverbot."[59] Das bedeutet für ihn das Ende seines Geschäfts.

Nach der Pogromnacht wird Hugo Rollmann nach Buchenwald ins KZ gebracht, am 27. 11. 1938 nach furchtbarer Haft wieder freigelassen. Er erhält – wie alle anderen Heusenstammer Juden – die Auflage, seine Auswanderung umgehend zu betreiben und wird zum Schweigen über den Lageraufenthalt verpflichtet.

Ohne Arbeitsmöglichkeit in seinem Beruf und in der Hoffnung, dass die Familie in Frankfurt bessere Möglichkeiten finden könne – die Jüdische Gemeinde bemühte sich, Ausbildungseinrichtungen für Kinder, Beratungs- und konkrete Hilfsangebote für die Auswanderung zu schaffen, das soziale Netz auszubauen[60] – geht die Familie am 1. Februar 1939 nach Frankfurt am Main. Sie ziehen in das Haus Unterlindau 74, in dem Julius und Sara Rollmann bereits leben. Auch Rosa Rollmanns Eltern aus Windecken, Julius und Johanna Reichenberg, treffen sie hier. Rosa Rollmann arbeitet in einer Pension in der Altkönigstraße.

Der kleine Helmut Rollmann besucht im September 1940 seinen Großonkel Salli Reichenberg in Windecken. Er ist gerade sechs Jahre alt geworden und ist „sehr brav und bescheiden", wie sein Onkel schreibt, bis ihn nach vier Tagen das Heimweh packt, „er in Tränen ausbrach und sich nicht länger halten ließ", wie der Onkel weiter berichtet. Im August 1941 kommt Helmut in die Schule. „Er ist ein schöner Junge", schreibt ein Verwandter.[61]

Mit Beginn des Jahres 1939 bereiten Hugo und Rosa Rollmann die Auswanderung nach Amerika vor. Sie planen intensiv den Umzug. Die Dokumente zeigen die vielen Vorschriften, die peinlichst genau befolgt werden mussten, sollte das Vorhaben eine Chance auf Realisierung haben. Und sie offenbaren auch etwas von der Gefühlslage der Betroffenen, liest man auf dem Umzugsgutverzeichnis, das Kind betreffend: „2 Anzuegelchen, 1 Maentelchen …".

Über Rosas Schwester Frieda, die mit ihrer Familie in die Vereinigten Staaten fliehen konnte, versucht Hugo Rollmann für seine Familie die Bedingungen für ein Visum

59 Vgl. Dittrich, a.a.O., S. 35

60 Vgl. Kap. Zufluchtsuche in den Städten S. 39

61 Zitiert nach: Monica Kingreen, Jüdisches Leben in Windecken, Ostheim und Heldenbergen, Hanau 1994, S. 188

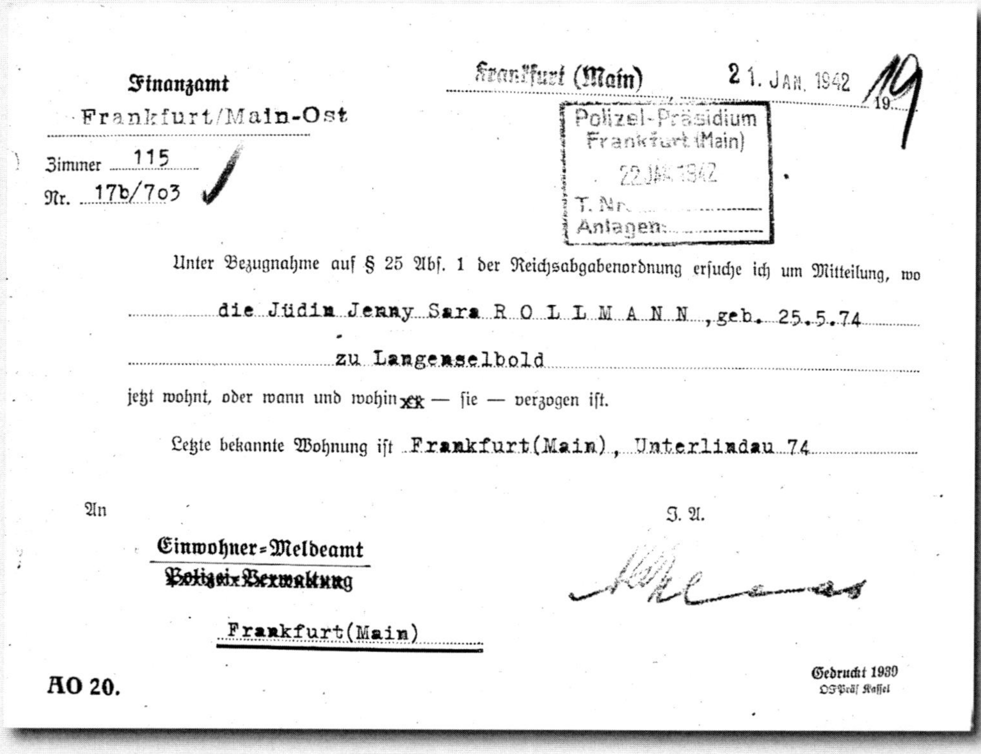

Finanzamt
Frankfurt/Main-Ost
Zimmer 115
Nr. 17b/703

Frankfurt (Main) 21. JAN. 1942 19

Polizei-Präsidium
Frankfurt (Main)
22 JAN 1942
T. Nr.
Anlagen:

Unter Bezugnahme auf § 25 Abs. 1 der Reichsabgabenordnung ersuche ich um Mitteilung, wo

die Jüdin Jenny Sara ROLLMANN, geb. 25.5.74
zu Langenselbold

jetzt wohnt, oder wann und wohin xx — sie — verzogen ist.

Letzte bekannte Wohnung ist Frankfurt(Main), Unterlindau 74

An
Einwohner-Meldeamt
~~Polizei-Verwaltung~~
Frankfurt(Main)

I. A.

AO 20.

Gedruckt 1939
OFPräs Kassel

Bilder 34 - 36: So dokumentiert die Behörde die Verschleppung von Jenny Rollmann ins Ghetto Lodz (Litzmannstadt)

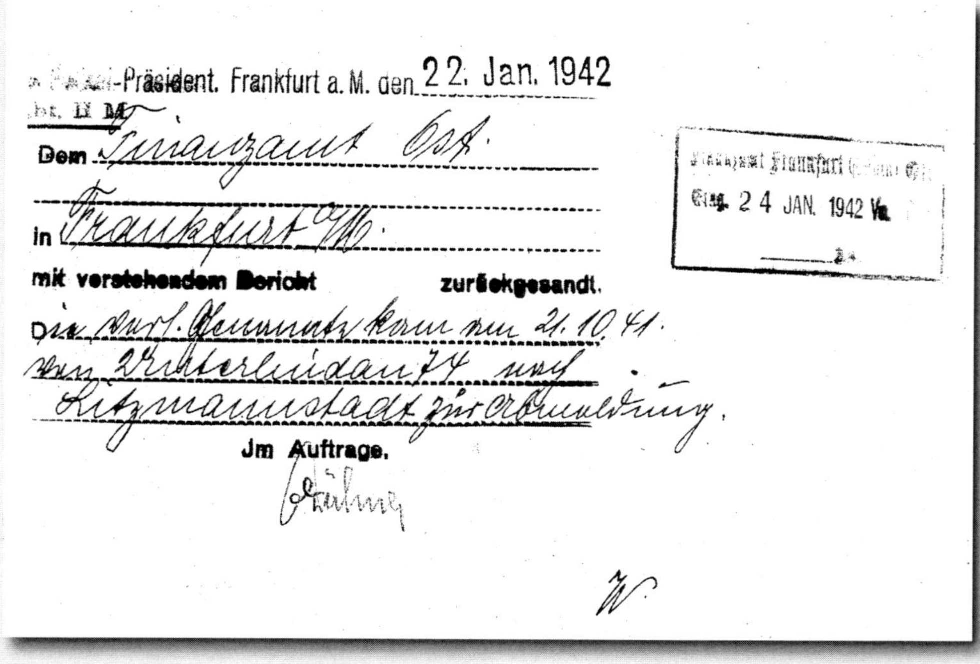

Polizei-Präsident. Frankfurt a. M. den 22. Jan. 1942
Abt. II M

Dem Finanzamt Ost.
in Frankfurt a/M.
mit vorstehendem Bericht zurückgesandt.

Finanzamt Frankfurt (Main) Ost
Eing. 24 JAN. 1942

Die vorl. Genannte kam am 21.10.41 von Unterlindau 74 nach Litzmannstadt zur Abwanderung.

Jm Auftrage.

in die USA zu schaffen. Auch die Schwiegereltern bemühen sich darum. Friedas Versuche, Bürgschaften für die Familie zu erhalten, bleiben jedoch vergeblich.[62]

Am 19. Oktober 1941 werden Hugo und Rosa Rollmann mit ihrem 7-jährigen Sohn Helmut und die Mutter Jenny Rollmann aus der Frankfurter Wohnung geholt. Ein Frankfurter Jude erinnert sich: „Um 6 Uhr früh klingelte es, zwei SA-Männer und ein Gestapomann standen vor der Türe. ‚Packen Sie ein, was Sie in zwei kleinen Koffern tragen können. Bitte seien Sie in zwei Stunden abmarschbereit…'"[63]

„Sie mussten sich anziehen, Koffer packen und wurden dann zu Fuß in großen Gruppen durch die Stadt zur Großmarkthalle im Frankfurter Ostend getrieben. In den Kellerräumen dort wurden Männer und Frauen demütigenden Leibesvisitationen unterzogen und ihnen unter Gebrüll und Schlägen die letzten Reste ihrer bürgerlichen Existenz genommen. Neben Gestapo und SA-Einheiten waren Beamte des Finanzamtes und verschiedener städtischer Ämter in der Großmarkthalle eingesetzt."[64]

> Lina Katz, Sekretärin bei der Jüdischen Gemeinde in Frankfurt, ist Augenzeugin bei der Deportation am 19. Oktober 1941 zur Großmarkthalle (am 20.10.1941 geht der Zug nach Lodz):
> *„Ich habe den Zug zur Großmarkthalle durch die Stadt begleitet, versucht, die Straßenbahn zu benutzen, aus der ich wegen meines Judenstern herausgeworfen wurde. Der Zug ging durch die Stadt am hellen Tage. Rechts und links standen die Menschen und sahen sich stumm im dichten Spalier den Zug an. In die Großmarkthalle konnte ich nicht hinein. Dort übernahmen SS-Leute den Zug, der bis dahin von der SA eskortiert wurde. Nach dem Bericht des Friedhofsverwalters Fiebermann, der aus irgendeinem Grund in die Großmarkthalle bestellt war und zurückkehrte, soll es dort in der Nacht schrecklich zugegangen sein mit Misshandlungen usw. Am anderen Tag erfolgte die Verladung. Die SA-Leute sagten, der Zug käme nach Litzmannstadt (Lodz) in ein sehr geordnetes, schönes Ghetto.[65]"*

Mit der ersten Massendeportation aus Frankfurt werden die Rollmanns in das Ghetto Lodz im besetzten Polen verschleppt.

62 Vgl. Kapitel „Auswanderung"

63 Zit. bei Monica Kingreen, Wir werden darüber hinwegkommen, in: Die Deportation der Juden aus Deutschland, hrsg. v. Dieckmann, C. u.a., Göttingen 2004, S. 87

64 „Und keiner hat für uns Kaddish gesagt", Deportationen aus Frankfurt/Main 1941-1945, Frankfurt 2004, S.12

65 Zit. in: Internetportal Jüdisches Museum www.juedischesmuseum.de

Rollmann, Joel	ca. 1. Hälfte 19.Jh.	Metzgermeister und Gemeindevorsteher Heirat mit Reik Strauß
Rollmann, Reik geb. Strauß	*1797 oder 1798 † 27.03.1873	Dietzenbach, beerdigt auf dem jüdischen Friedhof in Heusenstamm
Rollmann, Samuel Hirsch	*11.03.1835	Metzgermeister und Gemeindevorsteher Heirat mit Karoline Levi
	† 03.04.1892	
Rollmann, Karoline geb. Levi	*17.04.1837	
	† 02.10.1926	Heusenstamm, beerdigt auf dem jüdischen Friedhof
Rollmann, Karoline		Schwester von Samuel Hirsch Rollmann Heirat mit Nathan Wolf, Dietzenbach
Rollmann, Julius	*23.09.1862	Heusenstamm
		Leben in Frankfurt und Heusenstamm
	Anfang 1939	Zwangsumzug nach Frankfurt
	18.08.1942	deportiert ins Ghetto Theresienstadt im Alter von fast 80 Jahren
	† 22.09.1942	Theresienstadt
Rollmann, Sara	*07.01.1865	Heusenstamm
	Anfang 1939	Zwangsumzug nach Frankfurt
	1940	Altersheim in Mainz
	27.09.1942	deportiert ins Ghetto Theresienstadt im Alter von 77 Jahren
	† 06.02.1943	Theresienstadt
Rollmann, Jonas	*1867 oder 1868	Heusenstamm, Metzgermeister Heirat mit Jenny Strauß
	† 25.04.1917	Heusenstamm, beerdigt auf dem jüdischen Friedhof
Rollmann, Jenny geb. Strauß	*25.05.1874	Langenselbold Heirat mit Jonas Rollmann
	01.02.1939	Zwangsumzug nach Frankfurt
	19.10.1941	deportiert nach Lodz im Alter von 68 Jahren
	† 1942 ?	ermordet in Chelmno bei Lodz
Rollmann, Hugo	*17.10.1900	Heusenstamm, Metzgermeister
	1932	Heirat mit Rosa Reichenberg
	10.11.1939	Haft in Buchenwald (5 Wochen)
	01.02.1939	Zwangsumzug nach Frankfurt
	19.10.1941	deportiert ins Ghetto Lodz im Alter von 41 Jahren
	† 1942 ?	ermordet in Chelmno bei Lodz (?)
Rollmann, Rosa geb. Reichenberg	*10.08.1908	Windecken
	1932	Heirat mit Hugo Rollmann
	01.02.1939	Zwangsumzug nach Frankfurt
	19.10.1941	deportiert ins Ghetto Lodz im Alter von 33 Jahren
	† 1942 (?)	ermordet in Chelmno bei Lodz (?)
Rollmann, Helmut Jonas	*31.08.1934	Offenbach, Sohn von Rosa und Hugo Rollmann
	01.02.1939	Zwangsumzug nach Frankfurt
	19.10.1941	deportiert ins Ghetto Lodz im Alter von 7 Jahren
	† 1942 ?	ermordet in Chelmno bei Lodz

Im Ghetto von Lodz herrschten menschenunwürdige Zustände. Es war überfüllt. Zu den polnischen Juden kamen ungefähr 20 000 aus dem Reichsgebiet (deutsche, österreichische und tschechische Juden) hinzu. Zwischen dem 4. und 15. Mai 1942 brachte die SS 10 000 der Juden aus dem Reich, die im Oktober und November 1941 nach Lodz deportiert worden waren, in das Todeslager Chelmno (Kulmhof, ca. 60 km von Lodz entfernt). Sie wurden dort unter dem Sonderkommando von Herbert Lange in den „Gaslastwagen“[66] ermordet. Es ist sehr wahrscheinlich, dass auch die gesamte Familie Rollmann auf diese Weise getötet wurde.

Das gesperrte Vermögen der Rollmanns, ebenso das der Eltern von Rosa Rollmann, wird im November 1941, also unmittelbar nach der Deportation, zu Gunsten des Deutschen Reiches eingezogen.[67]

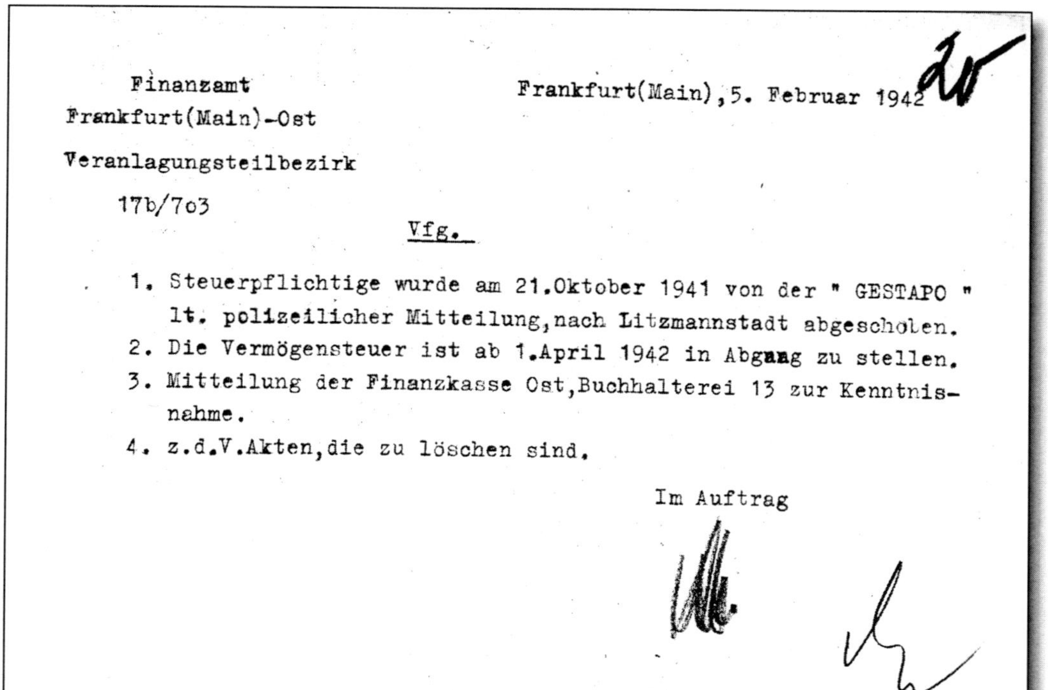

Finanzamt
Frankfurt(Main)-Ost
Veranlagungsteilbezirk
17b/7o3

Frankfurt(Main),5. Februar 1942

Vfg.

1. Steuerpflichtige wurde am 21.Oktober 1941 von der " GESTAPO " lt. polizeilicher Mitteilung,nach Litzmannstadt abgeschoben.
2. Die Vermögensteuer ist ab 1.April 1942 in Abgang zu stellen.
3. Mitteilung der Finanzkasse Ost,Buchhalterei 13 zur Kenntnisnahme.
4. z.d.V.Akten,die zu löschen sind.

Im Auftrag

Bild 36: vgl. Bilder 34 und 35

66 Gaswagen waren fahrbare Gaskammern, in die Motorenabgase eingeleitet wurden und in die „man die Opfer nötigenfalls mit Peitschenhieben hineintrieb“.
Aus: Buchheim u.a., Anatomie des SS-Staates, Band 2, München 1967, S. 336

67 Vgl. Verfügung (Auf Grund der Gestapo-Liste evakuierter Juden) des Oberfinanzpräsidenten Frankfurt vom 13. 1. 1941, HHStA Wiesbaden Abt. 519-3; Nr. 5797

Bild 37: Einschulung 1931 von Horst Ehrmann, 1. Reihe, 6. von links

12.

„Für sie war immer ein Tisch reserviert!“

Familie Schönmann und Familie Ehrmann – Frankfurter Straße 49

Im Haus Frankfurter Straße 49 lebten 1935 Emil und Auguste Schönmann, ihre Tochter Johanna mit ihrem Mann Eugen Ehrmann und deren beider Söhne Horst und Erwin.

Emil Schönmann betreibt ein Einzelhandelsgeschäft, hinten im Hof hatte er einen kleinen Raum dafür. Wenn er als wandernder Stoffhändler unterwegs zu seinen Kunden ist, führt seine Frau das Geschäft im Haus. 1938 muss er auf Grund der fortschreitenden Verschärfung der gesetzlichen Bestimmungen für die jüdischen Bürger sein Geschäft schließen.

Seine Frau Auguste ist die Schwester von Moritz, Bernhard, Lina und Johanna Frankfurter, deren Familie ebenfalls seit langem in Heusenstamm lebt.

Zeitzeuginnen erinnern sich, dass sie als Kinder um die Osterzeit immer „Mazzen“ bei den Schönmanns bekamen. Auguste, „Gustel“ nennen sie die Heusenstammer, ist vielen Älteren noch gut im Gedächtnis. „Am Sabbat hat meine Großmutter bei der Gustel immer Feuer gemacht. Die Juden durften ja am Samstag nichts arbeiten, das war so bei den frommen Juden“, erinnert sich Frau Müller. „Dafür hat meine Großmutter mal Suppe, mal ein gebackenes Täubchen von der Gustel bekommen, überhaupt, als sie krank war, ist sie von der Gustel gut versorgt worden.“

Und Frau Seipel erzählt: „Bei uns steht heute noch die Persilkiste mit einer Tafeldecke und Tüchern und so Überschlaglaken für die Koltern[68] und zwei Paradekissen. Die haben die Schönmanns meinem Vater (Bäcker Philipp Benning in der Kirchstraße) zur Aufbewahrung gegeben… Dann hab ich noch ein Goldkettchen mit Anhänger (Frau Seipel holt es und legt es vorsichtig auf den Tisch), das sind wahrscheinlich Granatsplitter und eine

Bild 38: Kettchen von Auguste Schönmann, bei P. Benning zur Aufbewahrung gelassen

68 Mundartlich (hessisch) „Kolter“ für „Decke“

Bild 39: Der Bund deutscher Radfahrer (BdR), Frieda Schönmann, Mitte, hinter dem Kind Erna Baum stehend

~ 1929

Perle... Auch zum Aufheben bei uns gelassen... Geld im Säckchen haben sie auch immer beim Vater im alten Kassenschrank gehabt."

Die Tochter von Schönmanns, Johanna, verheiratete Ehrmann, lebt mit ihrer Familie mit im Haus. Ihre jüngere Schwester Frieda ist Kontoristin und aktiv im Bund deutscher Radfahrer (BdR) in Heusenstamm. „BdR – Butz die Rad! Haben wir immer gesagt", erzählt Frau Vogel, die sich an Frieda Schönmann erinnert. Frieda heiratet nach Groß-Zimmern.

Johannas Mann Eugen ist Buchhalter. Wo er einst arbeitete, konnten wir nicht feststellen. Ihre beiden Söhne Horst und Erwin kommen 1931 und 1933 in die Heusenstammer Schule, verlassen diese aber bereits 1935. Wie in vielen jüdischen Familien in dieser Zeit entscheiden die Eltern, dass die Kinder eine jüdische Schule, hier die in Offenbach, besuchen sollen, um den Diskriminierungen nicht ständig ausgesetzt zu sein. In vielen Städten haben die jüdischen Gemeinden eigene Ausbildungseinrichtungen für Jugendliche geschaffen, die auch darauf hinarbeiten, eine Auswanderung leichter zu ermöglichen.

Frau Seipel, die mit Horst in die Schule gekommen ist, zeigt auf ihr Schulentlassungsbild und sagt: „Der war ja so gescheit, der Horst – aber da auf dem Bild – das ist 1939 – da ist er nicht mehr drauf. Da warn sie schon weg."

Und Herr B. erinnert sich: „Die Juden haben samstags immer vorm Haus gesessen, weil sie nichts arbeiten durften. Aber der Horst, der war 'n Schaffer! Wenn mein Vater am Samstag auf den Acker gefahren ist, hat sich der Horst flach in den Hafer reingelegt, dass ihn seine Eltern nicht gesehn haben und ist mitgefahrn."

Die Schönmanns waren im Vereinsleben Heusenstamms, im Turnverein (TV) aktiv. Im November 1930 hatte Emil Schönmann sein 25. Vereinsjubiläum als Turner.

„Für sie war immer ein Tisch reserviert im TV!", erinnert sich Frau Vogel.

Auch die Enkel Horst und Erwin waren Mitglieder im Turnverein. Als alle jüdischen Vereinsmitglieder im Sommer 1933 ausgeschlossen werden mussten – so gefordert durch die „Anordnungen für die Gleichschaltung der Vereine"– soll es Widerstand gegeben haben.[69]

69 Vgl. handgeschriebene Chronik des TV Heusenstamm 1933, S. 192

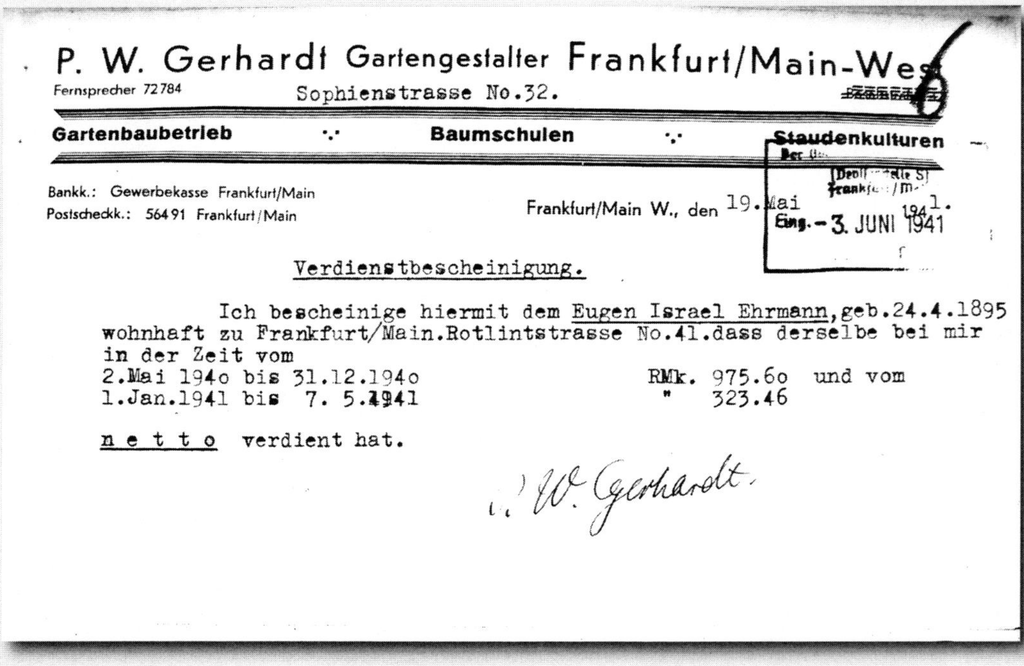

P. W. Gerhardt Gartengestalter Frankfurt/Main-West

Fernsprecher 72784 Sophienstrasse No.32.

Gartenbaubetrieb ∴ Baumschulen ∴ Staudenkulturen

Bankk.: Gewerbekasse Frankfurt/Main
Postscheckk.: 56491 Frankfurt/Main

Frankfurt/Main W., den 19.Mai 1941.

Eing. – 3. JUNI 1941

6

Verdienstbescheinigung.

Ich bescheinige hiermit dem Eugen Israel Ehrmann,geb.24.4.1895 wohnhaft zu Frankfurt/Main.Rotlintstrasse No.41.dass derselbe bei mir in der Zeit vom

2.Mai 194o bis 31.12.194o	RMk. 975.6o und vom
1.Jan.1941 bis 7. 5.1941	" 323.46

n e t t o verdient hat.

P. W. Gerhardt.

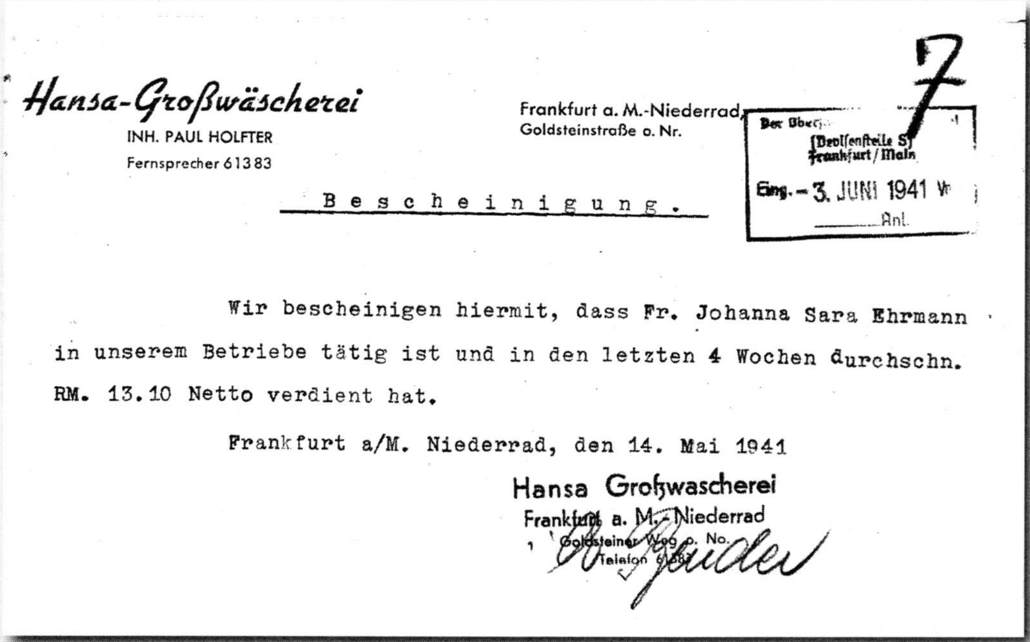

Hansa-Großwäscherei
INH. PAUL HOLFTER
Fernsprecher 61383

Frankfurt a. M.-Niederrad,
Goldsteinstraße o. Nr.

Der Oberf... [Devisenstelle S] Frankfurt/Main
Eing. – 3. JUNI 1941
Anl.

7

B e s c h e i n i g u n g .

Wir bescheinigen hiermit, dass Fr. Johanna Sara Ehrmann in unserem Betriebe tätig ist und in den letzten 4 Wochen durchschn. RM. 13.10 Netto verdient hat.

Frankfurt a/M. Niederrad, den 14. Mai 1941

Hansa Großwascherei
Frankfurt a. M.-Niederrad
Goldsteiner Weg o. No.

Bild 40 und 41: Die Arbeit von Eugen und Johanna Ehrmann in Frankfurt 1941

Eugen Ehrmann sowie sein Schwiegervater Emil Schönmann werden nach dem Novemberpogrom in Heusenstamm von der Gestapo festgenommen, nach Buchenwald gebracht und dort inhaftiert. Emil Schönmann wird am 12. Dezember, Eugen Ehrmann am 23. Dezember 1938 entlassen. Beide erhalten die Anweisung, „umgehend ihre Auswanderung zu betreiben" und über alle Vorgänge in Buchenwald zu schweigen.

Am 28.12.1938 melden sich die Familien Schönmann und Ehrmann aus Heusenstamm ab. Sie ziehen zunächst nach Frankfurt in die Rotlintstraße 41. Eugen Ehrmann arbeitet in einem Frankfurter Gartenbaubetrieb, seine Frau in einer Großwäscherei in Frankfurt-Niederrad. Die Söhne Horst und Erwin arbeiten auch in Frankfurt. Erwin lernt und arbeitet in der jüdischen Anlernwerkstatt in der Fischerfeldstraße, Horst ist „Hilfsarbeiter" bei der Firma Alfred Tewes GmbH, im Klartext: Er arbeitet als Zwangsarbeiter für einen Stundenlohn von 36 Pfennigen.

Beide Jungen, Horst und Erwin, werden am 11. Juni 1942 von Frankfurt in die Region Lublin verschleppt. Dabei wurden die Transporte in Lublin angehalten, jüngere und kräftigere Juden zur Zwangsarbeit für den Aufbau des Vernichtungslagers in Majdanek herausgesucht. Die Lebensbedingungen im Lager sind äußerst hart. Am 3. August 1942 stirbt Erwin dort, 15-jährig, sein Bruder Horst stirbt dort am 10. September 1942 mit 17 Jahren.

Johanna und Eugen Ehrmann ziehen mit ihren alten Eltern dann Ende Juni 1942 in das „Ghettohaus" Uhlandstraße 46 II. Sie wissen nicht, was mit ihren Söhnen geschehen ist. Drei Monate können sie noch in der Uhlandstraße wohnen. Am 15. September 1942 werden Emil Schönmann und seine Frau Auguste sowie Eugen und Johanna Ehrmann im Sonderzug DA 515, zusammengepfercht mit 1370 anderen hessischen Juden, von Frankfurt ins Ghetto Theresienstadt deportiert.

Eugen und Johanna Ehrmann werden am 29. Januar 1943 aus dem Ghetto Theresienstadt nach Auschwitz verschleppt und dort ermordet.

Die Eltern, Auguste und Eugen Schönmann, bleiben anderthalb Jahre im Ghetto Theresienstadt, bis sie von dort nach Auschwitz gebracht und wahrscheinlich sofort ermordet werden. Ihre Todesdaten sind nicht bekannt.

Herrn/ Frau/ Fräulein
Auf behördliche Anordnung setzen wir Sie davon in Kenntnis, daß Sie sich ab
Mittwoch, den 10. Juni 1942, vormittags 8 Uhr
zur Abwanderung in Ihrer Wohnung bereitzuhalten haben, und behändigen Ihnen hiermit die von Ihnen vor Ihrer Abwanderung auszufüllende Vermögenserklärung.
Mit der Zustellung der Vermögenserklärung ist Ihr gesamtes Vermögen als beschlagnahmt anzusehen. Demgemäß haben Sie sich jeder Verfügung über dasselbe zu enthalten; insbesondere ist es Ihnen strengstens untersagt, irgendwelche in Ihrem Besitz befindlichen Gegenstände zu verschenken, zu verkaufen oder einem anderen in Verwahrung zu geben.
Die Vermögenserklärung ist von Ihnen bis zum 10. d. M. vormittags 8 Uhr unter genauer Beachtung des auf der ersten Seite befindlichen Hinweises auf das sorgfältigste auszufüllen und in Ihrer Wohnung bereitzuhalten. Alle zur Vermögenserklärung gehörigen Beweisurkunden, Verträge usw. (z. B. Mietverträge) sind der Vermögenserklärung beizufügen.
Bei Verstößen gegen vorstehendes Verfügungsverbot sowie bei unrichtiger oder mangelhafter Ausfüllung der Vermögenserklärung drohen strenge staatspolizeiliche Maßnahmen.
Vor Ausfüllung der Vermögenserklärung haben Sie gemäß behördlicher Anordnung einen Sonderbeitrag in Höhe von mindestens 25% Ihres Barvermögens - d. h. Ihres Bargeldes und Ihrer Barguthaben bei Banken oder Sparkassen (z. B. Kontokorrent-Guthaben, Festgeldkonten, Sparguthaben pp.), nicht aber von Ihrem Wertpapiervermögen und sonstigen Vermögen - an die unterzeichnete Zweigstelle der Reichsvereinigung der Juden in Deutschland zu leisten. Zu diesem Zwecke haben Sie das Formular - Anlage 1 - entsprechend auszufüllen und bis spätestens Montag, den 8. d. M., 14 Uhr zur Abholung durch einen Beauftragten von uns bereitzuhalten. Wer nicht mehr als RM 50.- an Bargeld und Barguthaben pro Person besitzt, ist von der Zahlung dieses Sonderbeitrages befreit und hat uns hiervon schriftlich Kenntnis zu geben.
Für diejenigen Personen, welche bestimmungsgemäß außerdem noch Zahlungen an die jüdische Kultusvereinigung, Jüdische Gemeinde in Frankfurt/M e.V., zu leisten haben, ist eine entsprechende Zahlungsaufforderung in der Anlage 2 beigefügt. Die Begleichung der angeforderten Beträge hat durch Ausfüllung des vorgedruckten Überweisungsauftrages an die Bank (Rückseite der Zahlungsaufforderung) zu erfolgen. Dieses ausgefüllte Formular ist ab Montag, den 8. d. M., 14 Uhr zur Abholung durch einen Beauftragten von uns bereitzuhalten.
Falls Sie die vorgeschriebenen Zahlungen aus Ihrem Sparguthaben leisten wollen, so haben Sie Ihr Sparkassenbuch zur Abholung gegen Quittung bereitzuhalten, damit wir das Sparbuch der Sparkasse vorlegen können.
An Bargeld darf jede Person nicht mehr als RM 50.- mitnehmen. Die Mitnahme eines höheren Betrages ist strengstens verboten. Bei Zuwiderhandlungen drohen schärfste staatspolizeiliche Maßnahmen.

(...)

Die Mitnahme warmer Kleidung, desgleichen festen Schuhwerks, wird dringend empfohlen. An Gepäck können Sie mitnehmen:
a) einen nicht zu großen und nicht zu schweren Handkoffer oder Rucksack, der nur das unbedingt Notwendige enthalten soll. Die Mitnahme von großem Gepäck ist verboten.
b) einen Brotbeutel oder eine Handtasche mit Reiseverpflegung für drei Tage sowie Eßgeschirr, Löffel und Trinkbecher, jedoch kein Messer. Reiseverpflegung nicht im Handkoffer unterbringen!

Bild 42: Aus dem Formular zur Ankündigung der Deportation, 11.6.1942,
Horst und Erwin Ehrmann sind unter den Verschleppten

Schönmann, Leopold	✱02.07.1841	Obertshausen Metzger, zweiter Vorsteher der Jüdischen Gemeinde Heirat mit Jettchen Schönmann geb. Fürth +14.09.1880; in Heusenstamm, beerdigt auf dem jüdischen Friedhof
	17.07.1881	Heirat mit Henriette Schönmann, geb. Stiefel, ✱ 17.11.1841, ✝ 01.03.1912 in Heusenstamm, beerdigt auf dem jüdischen Friedhof
	✝ 25.05.1901	In Heusenstamm, beerdigt auf dem jüdischen Friedhof
Schönmann, Emil	✱07.04.1875	Obertshausen Heirat mit Auguste Frankfurter
	10.11.1938	Haft im KZ Buchenwald (4 Wochen)
	Dez.1938	Zwangsumzug nach Frankfurt
	15.09.1942	im Alter von 67 Jahren ins Ghetto Theresienstadt deportiert in Auschwitz ermordet
Schönmann, Auguste, geb. Frankfurter	✱03.12.1881	Frankfurt/M Heirat mit Emil Schönmann
	Dez. 1938	Zwangsumzug nach Frankfurt
	15.09.1942	im Alter von 60 Jahren ins Ghetto Theresienstadt deportiert in Auschwitz ermordet
Schönmann, Frieda	✱12.03.1909	Heusenstamm
	1930	verh. Siegel, Groß-Zimmern
	Mai /Juni 1942	aus Frankfurt in die Region Lublin deportiert verschollen
Ehrmann, Johanna geb. Schönmann	✱17.11.1902	Heusenstamm Heirat mit Eugen Ehrmann
	Ende 1938	Zwangsumzug nach Frankfurt
	15.09.1942	im Alter von 40 Jahren ins Ghetto Theresienstadt deportiert in Auschwitz ermordet
Ehrmann, Eugen	24.04.1895	Germersheim Heirat mit Johanna Schönmann
	10.11.1938	Haft im KZ Buchenwald (6 Wochen)
	Dez. 1938	Zwangsumzug nach Frankfurt
	15.09.1942	im Alter von 47 Jahren ins Ghetto Theresienstadt deportiert in Auschwitz ermordet
Ehrmann, Horst	✱19.11.1924	Heusenstamm
	Dez. 1938	Zwangsumzug nach Frankfurt
	11.06.1942	Deportation nach Majdanek
	✝ 10.09.1942	Tod in Majdanek mit knapp 18 Jahren
Ehrmann, Erwin	✱12.09.1926	Heusenstamm
	Dez. 1938	Zwangsumzug nach Frankfurt
	11.06.1942	Deportation nach Majdanek
	✝ 03.08.1942	Tod in Majdanek mit knapp 16 Jahren

Bild 43: Klara Gutenstein
ca 1910

Bild 44: Isidor Gutenstein,
links, mit August
Kämmerer, Mitte,
und Jakob Ott, rechts

13.

„Bei uns hieß er nur der Isi“

Familie Gutenstein – Borngasse 13

Der Name Gutenstein taucht in Heusenstamm bereits in der Mitte des 19. Jahrhunderts auf. Einer Karte, die Dorf und Schlossanlage um das Jahr 1843 zeigt, ist die Liste aller „Eigentümer der Hofraithen nach dem Ortsgrundbuch“ beigefügt. Josef, Wolf und Heium Gutenstein sind hier als Eigentümer ihrer Anwesen in der Hintergasse, heute Kirchstraße, eingetragen.

Ob sie direkt mit der Familie Gutenstein, die später in der Borngasse lebte, verwandt waren, ist noch nicht erforscht.

Das Haus Borngasse 13 steht heute nicht mehr. Nach Aussagen von Angehörigen der späteren Käufer soll es winzig gewesen sein. Guda Gutenstein lebt dort seit 1932 als Witwe mit ihren erwachsenen Kindern Klara und Isidor Gutenstein. Ihr Mann, Moses Gutenstein, hatte das ca. 200 Jahre alte Fachwerkhaus 1920 erworben. Guda Gutenstein stirbt 77-jährig am 15. November 1936. Auf dem jüdischen Friedhof in Heusenstamm finden wir den Doppelgrabstein für sie und ihren Mann.

Klara Gutenstein arbeitet als Packerin bei der Gerberei Mayer und Sohn in Offenbach. Wie Zeitzeugen berichten, lebt sie unter ständigen Ängsten wie alle anderen Juden, seit die Ausgrenzungen und Entrechtungen jüdischer Bürger begonnen haben. Nach dem Tod der Mutter und der Heirat des Bruders 1934, was seinen Umzug nach Offenbach zur Folge hat, lebt sie allein in dem Häuschen. In der Nacht vom 9. auf den 10. November 1938 dringen SA-Leute in ihr Haus ein, verwüsten es und schießen in die Decke. Klara Gutenstein flieht. Sie zieht nach Frankfurt oder Offenbach und ertränkt sich am 17. April 1939 in ihrem 51. Lebensjahr im Main – „...mit einem Kränzchen im Haar“, wie es im Ortsgedächtnis bewahrt ist, so dass es die alten Heusenstammer heute noch so berichten.

Ihr Grab findet man auf dem neuen jüdischen Friedhof Eckenheimer Landstraße in Frankfurt unter den vielen anderen Gräbern der Juden, die zwischen 1938 und 1943 vor der Verfolgung und Deportation in den Tod flüchteten.

Isidor Gutenstein heißt unter den noch lebenden älteren Menschen in Heusenstamm nur „der Isi“. Er arbeitet im Lederhandel bei der Firma Goldschmidt in

Bild 45: Das Grab von Klara Gutenstein in Frankfurt

Auf dem neuen jüdischen Friedhof an der Eckenheimer Landstraße in Frankfurt gibt es einen großen Bereich nahe dem Hauptweg, in dem nur Grabsteine für Juden stehen, die sich zwischen 1938 und 1943 selbst das Leben nahmen. Wahrscheinlich wollten und konnten sie die zunehmende Barbarei nicht mehr ertragen.
Auf den Steinen stehen die Geburts- und Todesdaten. Jeder Stein trägt abgekürzt die hebräische Inschrift: „Hashem yinkom Damo", das heißt: „Der göttliche Name wird sein Blut rächen" oder „Sie Starben zur Heiligung des göttlichen Namens".
Nach: Adolf Diamant, Durch Freitod aus dem Leben geschiedene Frankfurter Juden 1938 – 1943, Frankfurt / Main 1983

Offenbach, macht dort eine Lehre und wird dann Vertreter, verkauft Stoffe und Papier, die als Futtermaterial für die Lederwaren dienten. Er ist befreundet mit Jakob Ott und „Rio" Bauer, der seine Lederwerkstatt in der Schulstraße 7 betreibt, spielt Fußball im Verein des TV, wo er ab 1915 Schriftführer ist.

Er ist Soldat im 1. Weltkrieg, hat – wie Zeitzeugen sich erinnern – das Eiserne Kreuz erhalten. 1920 kommt er aus Frankreich zurück nach Heusenstamm. „Soldat" steht unter den Bemerkungen in der Heusenstammer Akte, in der sein „Zugang" in Heusenstamm dokumentiert ist.

1934 heiratet er Alice Rascher und zieht mit ihr nach Offenbach. Sie ist keine Jüdin.

Als die jüdische Firma Goldschmidt ihren Betrieb schließen muss, findet Isidor Gutenstein Arbeit im Offenbacher Kalksteinwerk Grix[70]. Am 28. Oktober 1938 kehrt Gutenstein nach Heusenstamm zurück, wo seine Schwester noch lebt.

Das Novemberpogrom bringt auch ihn ins KZ Buchenwald. Als Nr. 25824 taucht sein Name im „Nummernbuch der Judenaktion vom November 1938" auf. Als vorletzter der Heusenstammer Juden wird er erst am 10. Januar 1939 wieder nach Heusenstamm entlassen. Auch er muss sich verpflichten, über die Vorgänge in Buchenwald zu schweigen

Zeitzeugin Frau Vogel erzählt: „Alle haben ihm gesagt: ‚Isi, mach dich fort nach Amerika' (sein Schwiegervater lebte dort). Aber der Isi hat immer nur gesagt: ‚Was soll ich da? Ich bin schließlich mit dem Eisernen Kreuz ausgezeichnet worden. Und in Amerika lauf' ich dann als Proletarier rum!'"

Isidor Gutenstein wird gezwungen, sein Haus zu verkaufen und zieht am 11. März 1940 wieder nach Offenbach in die Bahnhofstraße 26. Der Kaufvertrag vom 16.2.1940 weist 1800 RM als Verkaufssumme aus. Am 18.3.1941 wird der Kaufpreis vom Landrat auf 1060 RM herabgesetzt. Auch von diesem Geld sieht Isidor Gutenstein nichts. Es wird auf ein Sperrkonto eingezahlt[71].

Die Frankfurter Gestapo geht gegen „nicht-arische" Ehepartner von Christen immer massiver vor; kleinste Verstöße führen zur Vorladung bei der Gestapo in der

70 So nach einer Erinnerung von Herrn B. aus Heusenstamm

71 Die Erlöse aus den Hausverkäufen der Juden, oft von den Behörden noch heruntergedrückt, kamen auf ein Sperrkonto. Die Juden konnten darüber nicht frei verfügen und mussten jede Geldauszahlung bei der Devisenbehörde beantragen.

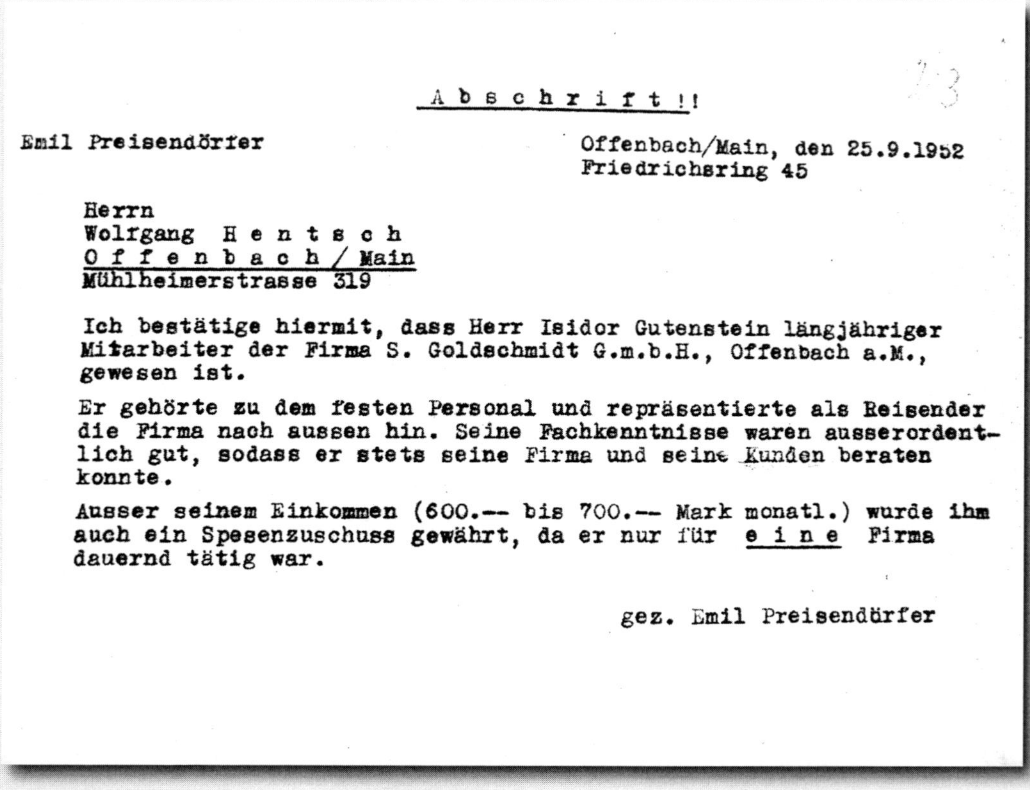

A b s c h r i f t !!

Emil Preisendörfer

Offenbach/Main, den 25.9.1952
Friedrichsring 45

Herrn
Wolfgang H e n t s c h
O f f e n b a c h / Main
Mühlheimerstrasse 319

Ich bestätige hiermit, dass Herr Isidor Gutenstein längjähriger Mitarbeiter der Firma S. Goldschmidt G.m.b.H., Offenbach a.M., gewesen ist.

Er gehörte zu dem festen Personal und repräsentierte als Reisender die Firma nach aussen hin. Seine Fachkenntnisse waren ausserordentlich gut, sodass er stets seine Firma und seine Kunden beraten konnte.

Ausser seinem Einkommen (600.-- bis 700.-- Mark monatl.) wurde ihm auch ein Spesenzuschuss gewährt, da er nur für e i n e Firma dauernd tätig war.

gez. Emil Preisendörfer

Bild 46: Zeugnis für Isidor Gutenstein über seine Arbeit in Offenbach, aus den Entschädigungsakten von 1952

Lindenstraße und nach entwürdigender Haft oft zum Abtransport nach Auschwitz. 1943 folgt die Darmstädter Gestapo, zu deren Bereich Offenbach gehört, und verfährt ähnlich in ihren Bezirken.[72] Isidor Gutenstein wird infolge dieser Vorgehensweise festgenommen. Im Frühjahr 1943 wird er wahrscheinlich in einem Einzeltransport von Offenbach nach Auschwitz deportiert und dort im Alter von 47 Jahren ermordet. Als Sterbedatum wird der 11. September 1943 angegeben.

Seine Frau Alice lässt sich trotz Drängens nicht scheiden. Sie wird ihren eigenen Aussagen nach behandelt wie eine rassisch Verfolgte und muss, schwer krank, nach dem Krieg um eine Ausgleichszahlung, den erzwungenen Hausverkauf betreffend, kämpfen. Auch um die Rente muss sie einen mühsamen und langwierigen Rechtsstreit führen, was sie körperlich und seelisch zermürbt.[73]

Gutenstein, Moses	✶11.06.1854	
	✝01.01.1932	Heusenstamm
Gutenstein, Guda geb. Idstein	✶04.10.1859	Babenhausen
	✝15.11.1936	Heusenstamm, zusammen mit Moses Doppelgrabstein auf dem jüdischen Friedhof
Gutenstein, Klara	✶19.09.1888	Heusenstamm
	Ende 1938	Zwangsumzug nach Frankfurt
	✝17.04.1939	Selbstmord im Alter von 50 Jahren
Gutenstein, Isidor	✶19.06.1896	Heusenstamm
	14.08.1934	Heirat mit Alice Rascher in Offenbach
	10.11.1938	Haft im KZ-Buchenwald (8 Wochen)
	März 1940	Zwangsumzug nach Offenbach
	Frühjahr 1943	deportiert nach Auschwitz
	✝11.09.1943[1]	ermordet in Auschwitz im Alter von 47 Jahren
Gutenstein, Alice geb. Rascher	✶02.03.1905	Zwickau
	1934	Heirat mit Isidor Gutenstein
	1940	Zwangsumzug nach Offenbach
	✝14.11.1973	Offenbach

1 Offizielles Sterbedatum

72 Vgl. Monica Kingreen, Die Verschleppung und Ermordung hessischer „nichtarischer" Christen, in: Kirche und ihr Umgang mit Christen jüdischer Herkunft während der NS-Zeit – dem Vergessen ein Ende machen, hrsg. V. Düringer, H. u.a., Ffm. 2004, S. 68 ff

73 Vgl. Akten im HHStA Wiesbaden, 518/24820 und RE, 26926

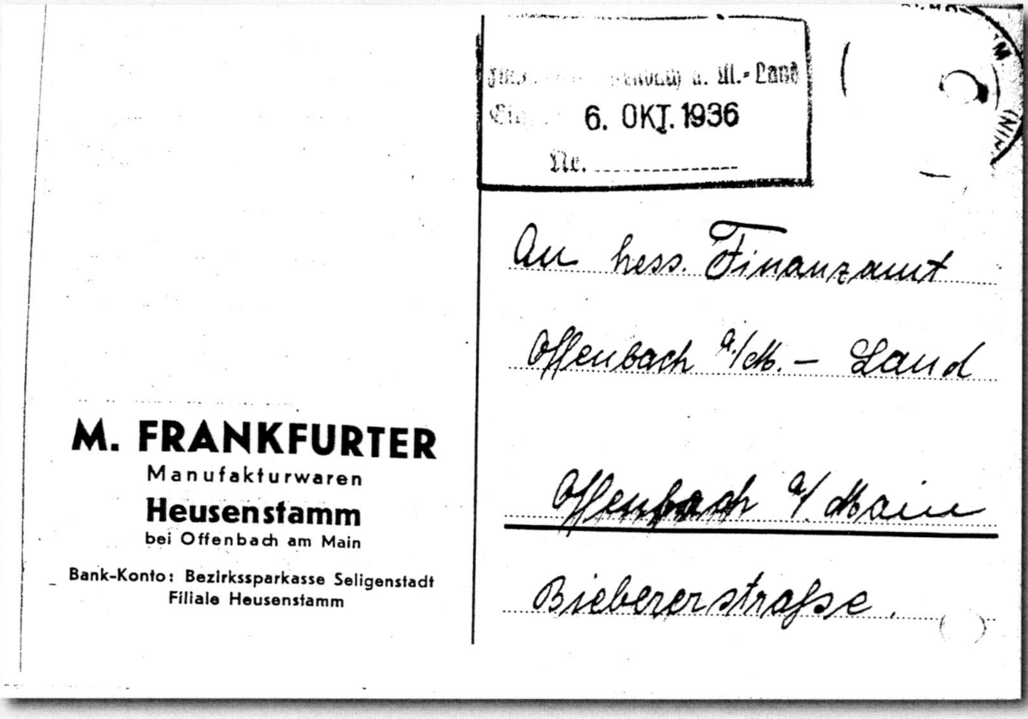

... a. M.-Land
6. OKT. 1936
Nr. ....

An hess. Finanzamt
Offenbach a/M. – Land
Offenbach a/Main
Biebererstrasse.

M. FRANKFURTER
Manufakturwaren
Heusenstamm
bei Offenbach am Main
Bank-Konto: Bezirkssparkasse Seligenstadt
Filiale Heusenstamm

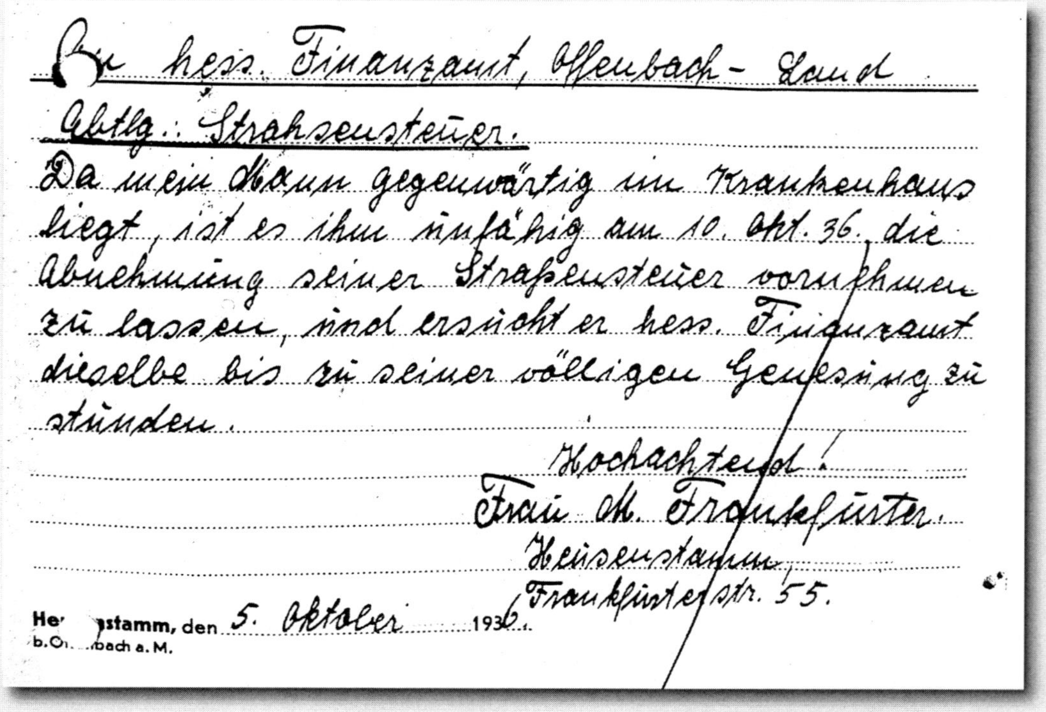

An hess. Finanzamt, Offenbach – Land
Abtlg.: Strassensteuer.
Da mein Mann gegenwärtig im Krankenhaus liegt, ist es ihm unfähig am 10. Okt. 36. die Abnehmung seiner Straßensteuer vorzunehmen zu lassen, und ersucht er hess. Finanzamt dieselbe bis zu seiner völligen Genesung zu stunden.

Hochachtend!
Frau M. Frankfurter.
Heusenstamm.
Frankfurterstr. 55.

He...stamm, den 5. Oktober 1936.
b.O...bach a.M.

Bild 47: Aus dem Lebensalltag von Moritz Frankfurter, 1936

14.

Die Frankfurters aus der Frankfurter Straße

Familie Moritz Frankfurter – Frankfurter Straße 55

Auf dem jüdischen Friedhof in Heusenstamm findet sich ein Doppelgrabstein für Bertha Frankfurter und ihren Mann Isidor Frankfurter. Über Bertha Frankfurter wissen wir außer ihrem Geburts-, dem Heirats- und dem Sterbedatum wenig. Aber zu ihrem Tod schreibt das Frankfurter Israelitische Familienblatt in einem Nachruf, dass „ein Biederweib im altjüdischen Sinne" verschieden sei.[74] Isidor Frankfurter, ihr Mann, ist zweiter Vorsteher in der Jüdischen Gemeinde und in Heusenstamm auch bei der christlichen Einwohnerschaft sehr beliebt.[75] Aus der Chronik des Turnvereins Heusenstamm (TV) erfahren wir, dass er bereits 1888 Mitglied des Turnvereins wird. Ein Foto zeigt ihn als Fahnenträger beim Deutschen Turnfest in Frankfurt 1908. Später wird er als Revisor in den Vorstand des Vereins gewählt, und als er 1928 stirbt, steht seine 40-jährige Mitgliedschaft im Turnverein an.

Bertha und Isidor Frankfurter sind die Eltern von Auguste, Moritz, Johanna, Leopold, Bernhard, Lina und Ernst Frankfurter. Auguste wird später Leopold Schönmann, Johanna wird Moritz Eckmann heiraten. Sie bleiben in Heusenstamm. Leopold F. wird früh nach Amerika auswandern, Lina heiratet Moritz Katz aus Bürgel bei Offenbach, zieht auch dorthin und bekommt zwei Töchter. Von Ernst wissen wir nichts. Moritz und Bernhard F. gründen in Heusenstamm und in Offenbach jeweils eine Familie und leben überwiegend in Heusenstamm. In der Frankfurter Straße 55 wohnt zu Beginn der 1930er Jahre Moritz Frankfurter mit seiner Familie.

Er ist von 1929 an Vorsteher der Jüdischen Gemeinde in Heusenstamm bis zu ihrer schrittweise vorgenommenen Zerschlagung durch die Nationalsozialisten. Er ist gelernter Feintäschner und führt seinen Betrieb bis 1928 mit zwei Angestellten als Heim- und Wandergewerbe. Danach gründet er ein Manufakturwarengeschäft, arbeitet als Kaufmann im Textilgewerbe und führt sein Einzelhandelsgeschäft bis 1938 im Haus, in dem auch seine Frau Ida Frankfurter und seine beiden Töchter Bertha und Ruth Frieda leben.

---

74 „Frankfurter Israelitisches Familienblatt" vom 18. November 1918, zit. im Internetportal www. alemannia-judaica.de/heusenstamm

75 Vgl. Bildunterschrift zu Bild Nr. 5, S. 18

Bild 48: Bertha Frankfurter bei ihrer Einschulung 1927 (vor der Lehrerin stehend)

Auch Moritz Frankfurter wird am 10. November 1938 ins KZ nach Buchenwald gebracht, von dort am 17. Dezember 1938 nach Hause entlassen, zur Betreibung seiner „umgehenden Auswanderung", wie es im Entlassungsschreiben heißt.

Bertha Frankfurter, die ältere Tochter, besucht ab 1935 die Kaufmännische Berufsschule und Handelslehranstalt in der Kaiserstraße in Offenbach, geht als Lehrmädchen am 26. Mai 1938 nach Lohr am Main. Mit Freunden aus Bieber, so erzählen Heusenstammer, gelingt ihr die Flucht vor den Nazis in die USA. Sie überlebt als Einzige der Familie. Nach dem Krieg war sie einige Male in Heusenstamm, habe aber stets nur eine Freundin besucht, andere Kontakte entschieden abgelehnt, wie Zeitzeugen berichten.

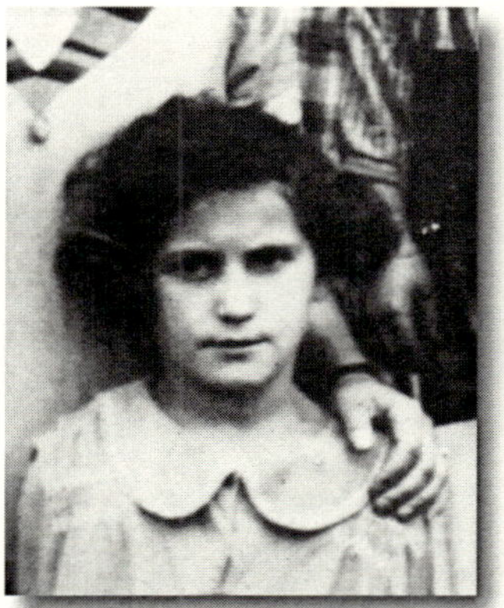

Bertha Frankfurter

Frieda Müller Ruth Frankfurter

Ruth Frankfurter kommt 1934 in die Heusenstammer Schule, verlässt sie aber bereits 1935, um zunächst die jüdische Bezirksschule in Offenbach, eine Einrichtung der Jüdischen Gemeinde, später das Philanthropin in Frankfurt zu besuchen. Ab 1938 ist der Schulbesuch staatlicher Schulen den Juden untersagt.

Moritz, Ida und Ruth Frankfurter verlassen Heusenstamm knapp zwei Wochen, nachdem Moritz aus dem Konzentrationslager Buchenwald zurückgekommen ist. Sie beziehen eine Wohnung im Holzgraben 11 in Frankfurt. Dort wohnt in der letzten Januarwoche 1939 bis zu ihrer Emigration am 1. Februar 1939 auch die ältere Tochter Bertha. Sie steht unmittelbar vor ihrer Auswanderung und damit vor der Trennung von den Eltern und der Schwester Ruth.

Moritz Frankfurter arbeitet ab 1. Oktober 1940 in Heimarbeit bei der Lederwarenfabrik Firma Carl Schwab in Frankfurt-Enkheim. Diese bescheinigt ihm einen

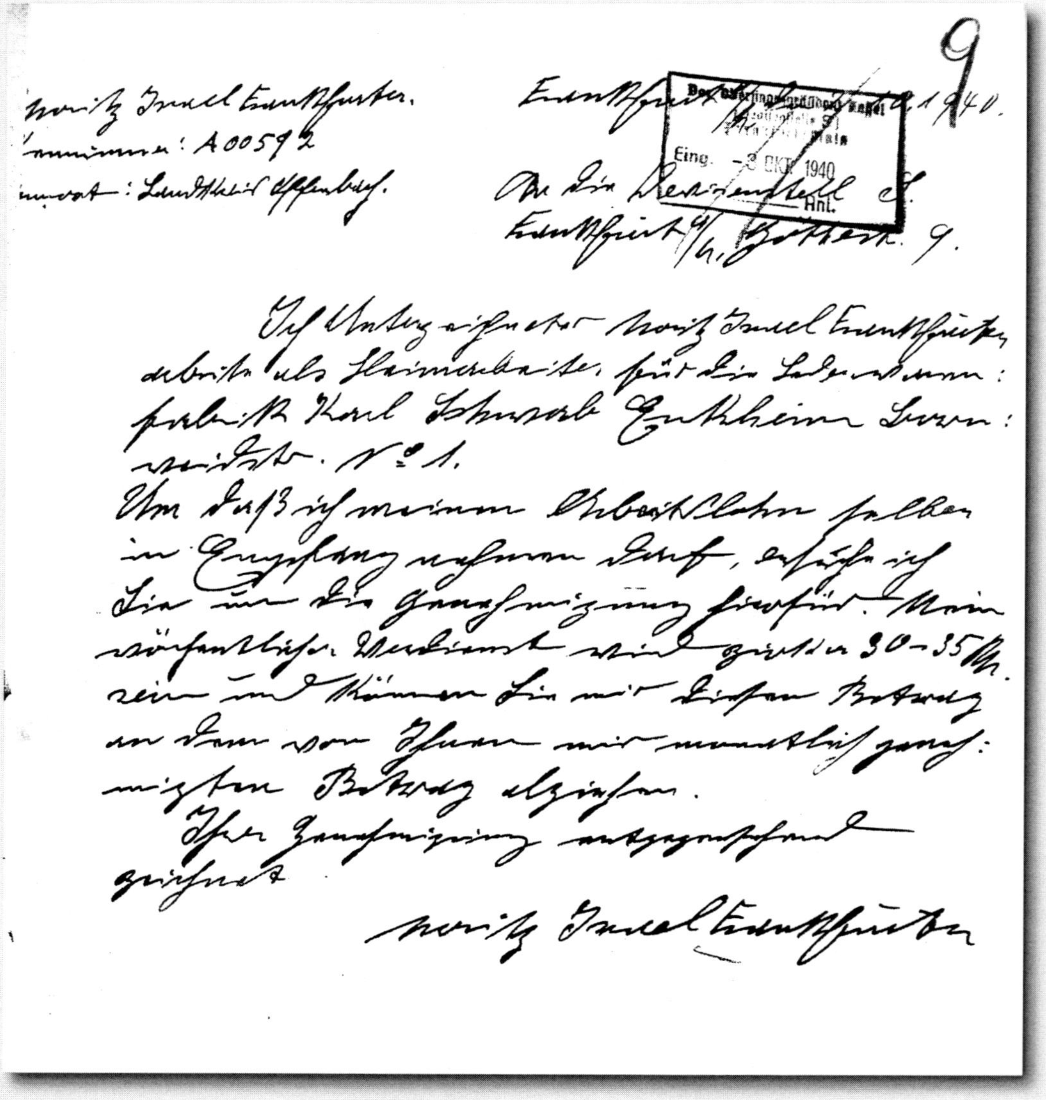

9

Moritz Israel Frankfurter.
Kennummer: A00592
Wohnort: Landkreis Offenbach.

Frankfurt a/M. 2.10.1940.

Eing. -3 OKT. 1940
Anl.

An die Devisenstelle S.
Frankfurt a/M., Goethestr. 9.

Ich Unterzeichneter Moritz Israel Frankfurter arbeite als Heimarbeiter für die Lederwarenfabrik Karl Schwab Enkheim Bornweidstr. N° 1.
Um daß ich meinen Arbeitslohn selber in Empfang nehmen darf, ersuche ich Sie um die Genehmigung hierfür. Mein wöchentlicher Verdienst wird zwischen 30–35 RM sein und können Sie mir diesen Betrag an dem von Ihnen mir monatlich genehmigten Betrag abziehen.
Ihrer Genehmigung entgegensehend zeichnet

Moritz Israel Frankfurter

Bild 49: Kleinliche Schikanen, die den Alltag von Moritz Frankfurter erschweren

Frankfurt/M., den 2. 10. 1940
„Ich Unterzeichneter Moritz Israel Frankfurter arbeite als Heimarbeiter für die Lederwarenfabrik Karl Schwab Enkheim Bornweidstr. Nr. 1. Um dass ich meinen Arbeitslohn selber in Empfang nehmen darf, ersuche ich Sie um die Genehmigung hierfür. Mein wöchentlicher Verdienst wird zwischen 30 – 35 RM sein und können Sie mir diesen Betrag an dem von Ihnen mir monatlich genehmigten Betrag abziehen. Ihrer Genehmigung entgegensehend zeichnet Moritz Israel Frankfurter"

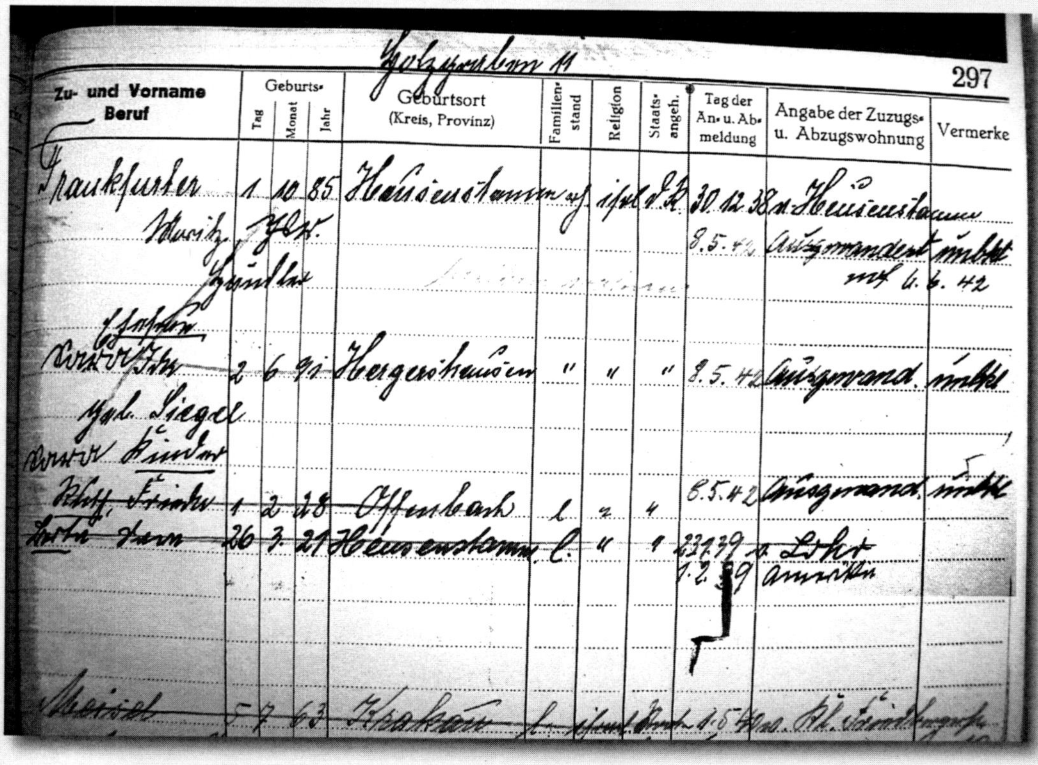

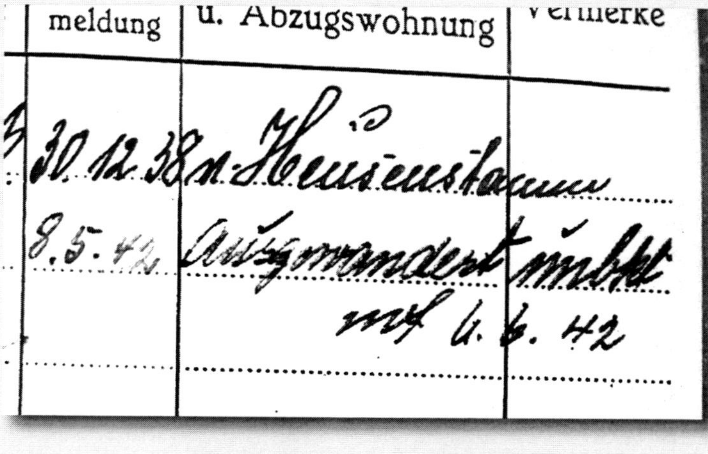

Bild 50: ausgewandert unbkt - Eintrag im Hausstandsbuch Nr. 67, Frankfurt, Holzgraben 11, der letzten Adresse der Familie Moritz Frankfurter

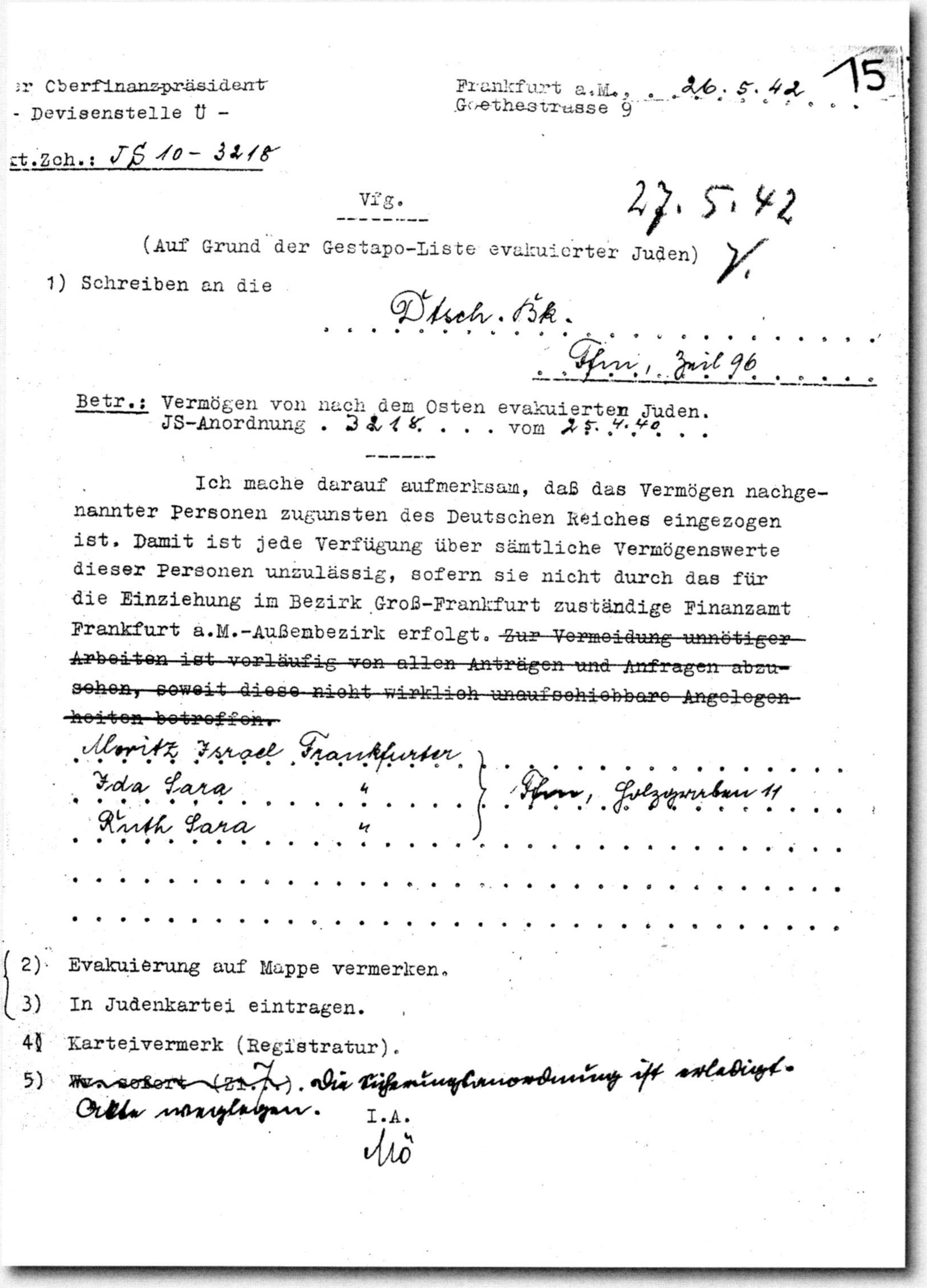

:r Oberfinanzpräsident
- Devisenstelle Ü -

:t.Zch.: JS 10 – 3218

Frankfurt a.M., 26. 5. 42
Goethestrasse 9

15

Vfg.

27. 5. 42

(Auf Grund der Gestapo-Liste evakuierter Juden) V.

1) Schreiben an die

Dtsch. Bk.

Ffm., Zeil 96

Betr.: Vermögen von nach dem Osten evakuierten Juden.
JS-Anordnung . 3218 . . . vom 25. 4. 40 . .

Ich mache darauf aufmerksam, daß das Vermögen nachgenannter Personen zugunsten des Deutschen Reiches eingezogen ist. Damit ist jede Verfügung über sämtliche Vermögenswerte dieser Personen unzulässig, sofern sie nicht durch das für die Einziehung im Bezirk Groß-Frankfurt zuständige Finanzamt Frankfurt a.M.-Außenbezirk erfolgt. ~~Zur Vermeidung unnötiger Arbeiten ist vorläufig von allen Anträgen und Anfragen abzusehen, soweit diese nicht wirklich unaufschiebbare Angelegenheiten betreffen.~~

Moritz Israel Frankfurter
Ida Sara "
Ruth Sara "
} Ffm., Holzgraben 11

2) Evakuierung auf Mappe vermerken.
3) In Judenkartei eintragen.
4) Karteivermerk (Registratur).
5) ~~Wv. sofort (Z.7.)~~. Die Sicherungsanordnung ist erledigt. Akte vorzulegen.

I.A.
Mö

Bild 51: Vermögensentzug der Familie Frankfurter nach der Deportation im Mai 1942

wöchentlichen Durchschnittsverdienst von netto RM 30.-[76], über den er, wie alle anderen Juden, nicht frei verfügen kann.

Von Frankfurt aus wird die Familie im Mai 1942 in ein Lager in der Region Lublin verschleppt. Wieder wird das Vermögen direkt nach der Deportation eingezogen[77]. „1942 Deportation Osttransport", so steht es im Gedenkbuch. Der Tod von Ruth Frankfurter wird auf den 31. Dezember 1945 festgesetzt.[78]

Frankfurter, Isidor	✱ 03.10.1857	Friedericia/Dänemark
	13.12.1878	Heirat mit Bertha Frankfurter in Heusenstamm
	† 27.01.1928	Heusenstamm
Frankfurter, Bertha geb. Rohrheimer	✱ 22.01.1859	Frankfurt
	† 30.10.1918	Heusenstamm, zusammen mit Isidor Doppelgrabstein auf dem jüdischen Friedhof
Frankfurter, Moritz	✱ 01.10.1885	Heusenstamm, Bruder von Bernhard Frankfurter
	21.06.1920	Heirat mit Ida Siegel
	10.11.1938	Haft im KZ Buchenwald (5 Wochen)
	29.12.1938	Zwangsumzug nach Frankfurt
	8.5.oder 24.5.1942	im Alter von 57 Jahren nach Osten deportiert verschollen
Frankfurter, Ida geb. Siegel	✱ 02.06.1891	Hergershausen
	21.06.1920	Heirat mit Moritz Frankfurter
	29.12.1938	Zwangsumzug nach Frankfurt
	08.05.oder 24.05.1942	im Alter von 51 Jahren in die Region Lublin deportiert verschollen
Frankfurter, Bertha	✱ 26.03.1921	Heusenstamm
	26.05.1938	verzogen nach Lohr am Main
	23.01.1939	Zwangsumzug nach Frankfurt
	01.02.1939	Ausreise nach Amerika im Alter von knapp 18 Jahren
Frankfurter, Ruth Frieda	✱ 01.02.1928	Offenbach
	29.12.1938	Zwangsumzug nach Frankfurt
	8.5.oder 24.5.1942	im Alter von 14 Jahren in die Region Lublin deportiert
		Tod festgesetzt auf 31.12.1945

76 Vgl. HHStA Wiesbaden Akte Abt.519/3 Nr.2217

77 „Liste für nach dem Osten evakuierte Juden" vom 26. 5. 1942 für die Familie Frankfurter HHStA Wiesbaden, Abt. 676, Nr. 4034

78 Die Amtsgerichte legten nach dem Krieg Todesdaten von Verschleppten und Verschollenen fest. Das war insbes. für überlebende Angehörige wichtig, um ihre berechtigten Ansprüche geltend machen zu können.

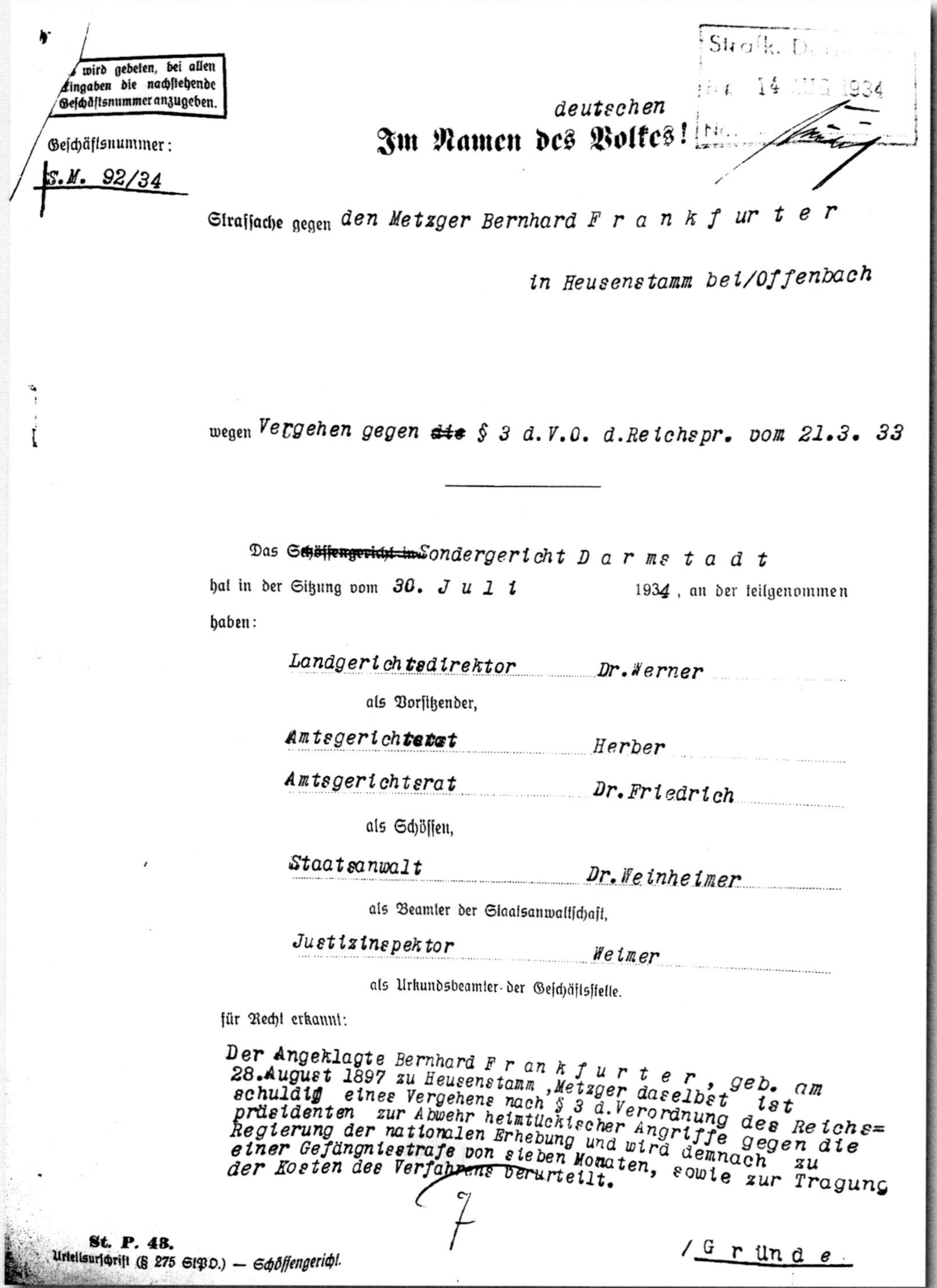

Es wird gebeten, bei allen Eingaben die nachstehende Geschäftsnummer anzugeben.

Strafk. D...
14 AUG 1934

Geschäftsnummer: S.M. 92/34

Im Namen des deutschen Volkes!

Strafsache gegen den Metzger Bernhard F r a n k f u r t e r

in Heusenstamm bei/Offenbach

wegen Vergehen gegen ~~die~~ § 3 d.V.O. d.Reichspr. vom 21.3. 33

Das ~~Schöffengericht in~~ Sondergericht D a r m s t a d t

hat in der Sitzung vom 30. J u l i 1934, an der teilgenommen haben:

Landgerichtsdirektor Dr. Werner

als Vorsitzender,

Amtsgerichtsrat Herber

Amtsgerichtsrat Dr. Friedrich

als Schöffen,

Staatsanwalt Dr. Weinheimer

als Beamter der Staatsanwaltschaft,

Justizinspektor Weimer

als Urkundsbeamter der Geschäftsstelle.

für Recht erkannt:

Der Angeklagte Bernhard F r a n k f u r t e r , geb. am 28. August 1897 zu Heusenstamm, Metzger daselbst ist schuldig eines Vergehens nach § 3 d. Verordnung des Reichspräsidenten zur Abwehr heimtückischer Angriffe gegen die Regierung der nationalen Erhebung und wird demnach zu einer Gefängnisstrafe von sieben Monaten, sowie zur Tragung der Kosten des Verfahrens verurteilt.

St. P. 48.
Urteilsurschrift (§ 275 StPO.) — Schöffengericht.

/ G r ü n d e

Bild 52: Urteil gegen Bernhard Frankfurter vom 30.7.1934

15.

„Weggehen? – Es gibt für mich nur ein Deutschland!"

Bernhard Frankfurter – Frankfurter Straße 55 und 58

In der Frankfurter Straße 55 wohnt auch Bernhard Frankfurter, der Bruder von Moritz Frankfurter. Er wird am 28. August 1897 in Heusenstamm geboren. 1921 zieht er nach Offenbach, arbeitet dort zunächst als Portefeller. 1925 heiratet er Anna Wirth, vorher soll er bereits einmal verheiratet gewesen sein und zwei Kinder haben.

Mit seiner Frau Anna zieht er nach Heusenstamm, wohnt zunächst wieder in der Frankfurter Str. 55, zeitweise in der Frankfurter Str. 47, dann gegenüber bei der Familie B. Er arbeitet als Metzger.

1933 droht ihm aufgrund kleinerer Straftatbestände die Aberkennung der deutschen Staatsbürgerschaft, jedoch erkennen die Nazis schnell, dass sie einen dann staatenlosen Bernhard Frankfurter nicht so leicht ausweisen können. Die skrupellose Praxis der späteren Nazijahre ist noch nicht allgemeines Rechtsverständnis.

Bernhard Frankfurter wird vom 4. 1. bis 2. 3. 1934, 8 Wochen, im KZ Osthofen festgehalten; er wird geschlagen und muss harte körperliche Arbeit verrichten, weil er sich weigerte, die vom Bürgermeister zugewiesenen Pflichtarbeiten zu leisten. Am 26. 7. 1934 wird er erneut in Untersuchungshaft genommen, und ein Sondergericht in Darmstadt verurteilt ihn am 30. 7. 1934 zu sieben Monaten Gefängnis. Zur Last gelegt werden ihm „abfällige Äußerungen über die Maßnahmen der Regierung".[79] Die Gerichtsakten zeigen: Nachbarn haben ihn denunziert und treten vor dem Sondergericht der Strafkammer Darmstadt als Zeugen auf.

Bernhard Frankfurter ist nicht vorsichtig, spricht im Zorn unbedacht, was in einer Zeit, wo abweichende Einschätzungen und andere politische Positionen als Bedrohung von Reich und Führer gewertet und verfolgt werden, gefährlich ist. Es entsteht ein Klima, das Einschüchterung und Angst auf der einen und Denunziationsbereitschaft auf der anderen Seite nach sich zieht. Eine Woche verbringt er auf Grund der

79 Offenbacher Nachrichten vom 3.8.1934, Stadtarchiv Offenbach

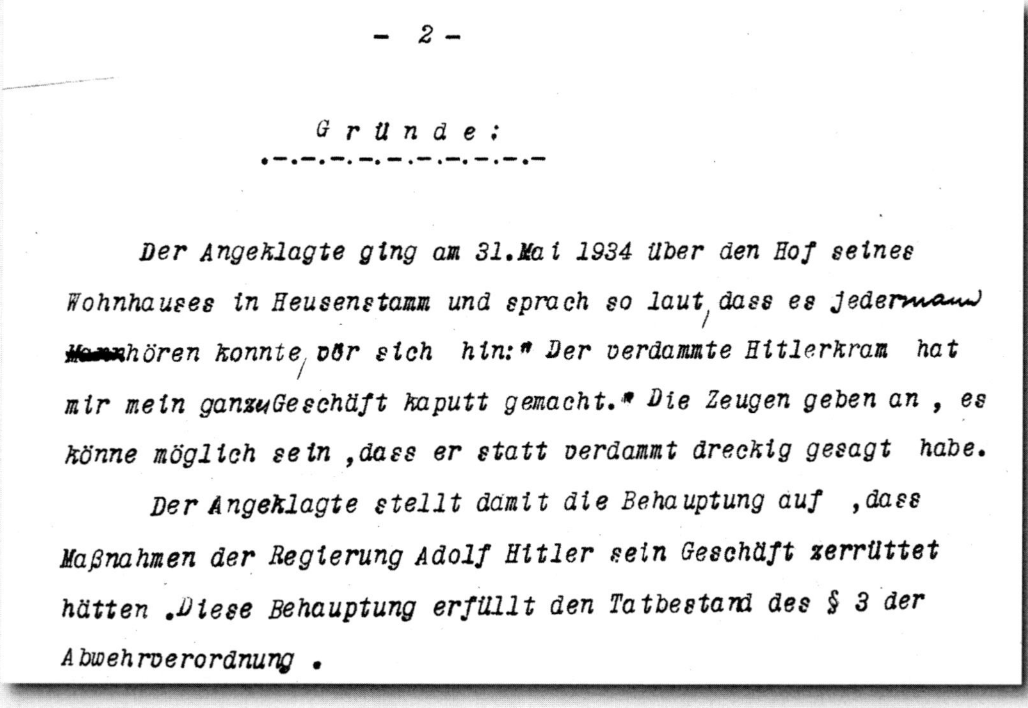

– 2 –

Gründe:
.–.–.–.–.–.–.–.–.–

Der Angeklagte ging am 31.Mai 1934 über den Hof seines Wohnhauses in Heusenstamm und sprach so laut, dass es jedermann ~~Mann~~hören konnte, vor sich hin:" Der verdammte Hitlerkram hat mir mein ganzu Geschäft kaputt gemacht." Die Zeugen geben an, es könne möglich sein, dass er statt verdammt dreckig gesagt habe.

Der Angeklagte stellt damit die Behauptung auf, dass Maßnahmen der Regierung Adolf Hitler sein Geschäft zerrüttet hätten. Diese Behauptung erfüllt den Tatbestand des § 3 der Abwehrverordnung.

Bild 53: Beginn der Urteilsbegründung mit der Anklagebehauptung (gehört zum Urteil gegen Bernhard Frankfurter)

Bild 54: Im Gefängnis Butzbach war Bernhard Frankfurter 1934 inhaftiert

zu erwartenden hohen Strafe in Untersuchungshaft, danach wird er sechs Wochen in der Zellenstrafanstalt Butzbach inhaftiert. Dann wird er aufgrund einer Amnestie freigelassen.[80] Anfang Juni 1938 wird er im Zusammenhang mit der Verordnung zur „vorbeugenden Verbrechensbekämpfung durch die Polizei" festgenommen und zeitweise in den Konzentrationslagern Sachsenhausen und Buchenwald inhaftiert.[81] Wann er freigelassen wird, konnten wir nicht ermitteln. Die Nazis zwingen Bernhard Frankfurter, bis spätestens 31. Juli 1939 das Land zu verlassen.

Am 25. August 1939 flieht er vor weiteren Verfolgungsmaßnahmen der Gestapo nach Brüssel. Dort arbeitet er zunächst als Koch. Im Zuge der Besetzung Belgiens durch die Deutschen verlieren alle deutschen Juden im November 1941 die deutsche Staatsbürgerschaft, wenn sie ihren Wohnsitz außerhalb des Deutschen Reiches haben. Bernhard Frankfurter wird staatenlos. Ein Arbeitseinsatzbefehl bringt ihn in ein Sammellager der SS für Juden. Unter der Nummer II/69 wird er mit vielen anderen Juden aus Europa am 11. August 1942 aus Mechelen, dem zentralen Deportationslager in dem von den Deutschen besetzten Belgien, nach Auschwitz verschleppt, wo der Transport am 13. August eintrifft[82]. Es wird angenommen, dass Bernhard Frankfurter bereits auf dem Transport oder direkt nach seiner Ankunft in Auschwitz zu Tode kam oder ermordet wurde.

Nicht nur die biografischen Daten des Bernhard Frankfurter zeigen sein unruhiges, vielfach unangepasstes Leben, das sich immer am Rande der damaligen Legalität bewegte.

Zeitzeugen berichten auch, dass er oft Dinge sehr direkt benannte, „zu direkt" sagen sie, dass er „zu leben wusste", oft „in die Wirtschaft" gegangen sei, „da hat der Barrad (so nannten ihn die Heusenstammer) eine Runde geschmissen",..."da haste die Neider!"

Herr B. erinnert sich: Und er konnte „so schön singen!" Als kleiner Bub hat er den „Barrad" bewundert. „Oft hat er im Hof gesungen und dem Annasche (das war seine Frau) ein Ständchen gebracht." Herr B. (Jg. 1930) erzählt, dass der Bernhard mit ihnen, den Buben, immer Fußball gespielt habe und denkt an

80 Vgl. HStA Darmstadt, Akte 623 Nr. 314

81 StA Heusenstamm, Abt. XIII, Inv. I, S. 24 , Fasz. 48

82 Informationen aus dem Archiv des Museums der Deportation und des Widerstands, Mechelen (Malines), Belgien

A b s c h r i f t . Anlage 7

Reichskriminalpolizeiamt
Tgb. I A 2 c I 979

Berlin C2, am 17. Juli 1939
Werderscher Markt 5-6.

Bürgermeisterei
Heusenstamm
Eing. 20. JULI 1939
J.-No. 2010

An die

Kriminalpolizeistelle

in D a r m s t a d t .

Betrifft: VH. (Jude) Bernhard F r a n k f u r t e r, 28.8.97 Heusenstamm.

Jch bitte Frankfurter eröffnen zu lassen, daß er mit erneuter Anwendung der polizeilichen Vorbeugungshaft zu rechnen hat, falls er bis zum 31.7.1939 nicht ausgewandert ist.

Sollte F. bis zu diesem Zeitpunkt seine Ausreise nicht angetreten haben, bitte ich ihn erneut in polizeiliche Vorbeugungshaft zu nehmen und mir umgehend zu berichten.

J. A.
gez: Andexer

(D.S.)

Beglaubigt:
gez: Neubauer
Kriminal-Sekretär

Bild 55: Die letzte Aufforderung an Bernhard Frankfurter, Deutschland zu verlassen

„das Zigarettenmaschinchen – Tabak rein, Zigarette raus – wie Zauberei!“ Und: „Des krieste mal!“, habe er zu ihm gesagt.

Beim Erzählen wird Herr B. wieder zum Buben, der den Älteren bewundert. Und Herr B. berichtet weiter: „Als meine Mutter den Bernhard Frankfurter gefragt hat, ‚Bernhard, warum gehst du nicht weg?’, hat er nur gesagt, ‚es gibt für mich nur ein Deutschland!’“

In Offenbach habe Bernhard Frankfurter zu Pessach Mazzen geholt und sie allen Heusenstammer Juden gebracht. Im Käfig des Gepäckwagens der kleinen Bahn habe er Ziegen aus Dietzenbach nach Heusenstamm transportiert. Und Herr B. erinnert sich, dass er fürs Helfen „en Zehner“ bekommen habe. „Dafür hab’ ich mir beim Kiosk 10 Griene (Pfefferminzbonbons) geholt.“

Anna Frankfurter, die Frau Bernhard Frankfurters, die wahrscheinlich seinetwegen 1924 zur israelitischen Religionsgemeinschaft übertrat, spiegelt das unruhige Leben ihres Mannes. Zwischen 1925 und 1940 lebt sie mal als „Händlerin“ (1926), mal als „Stütze“ (1928) in ständig wechselnden Wohnungen zwischen Heusenstamm, Offenbach und Frankfurt. Auch sie – als konvertierte Jüdin – ist sicher Schikanen und Verfolgungsmaßnahmen ausgesetzt. Nach der Flucht ihres Mannes nach Brüssel zieht sie am 1. Juli 1940 in die Kaiserstraße nach Offenbach. Am 20. Mai 1943 wird sie von Bernhard Frankfurter geschieden.

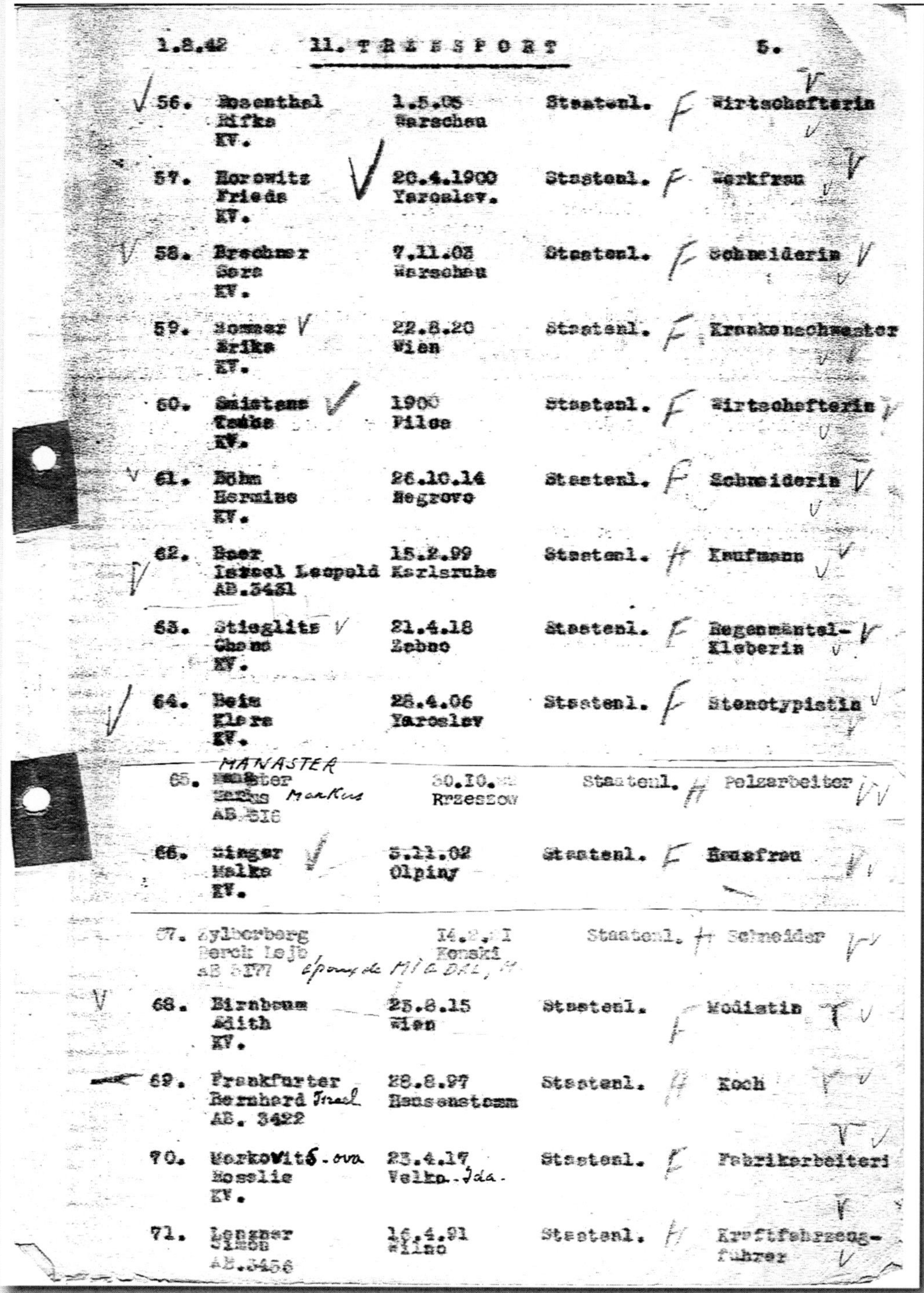

1.8.42 — 11. TRANSPORT — 5.

56.	Rosenthal Rifka KV.	1.5.06 Warschau	Staatenl. F	Wirtschafterin
57.	Horowitz Frieda KV.	20.4.1900 Yaroslav.	Staatenl. F	Werkfrau
58.	Brechner Sara KV.	7.11.03 Warschau	Staatenl. F	Schneiderin
59.	Sommer Erika KV.	22.8.20 Wien	Staatenl. F	Krankenschwester
60.	Smistens Tauba KV.	1900 Pilse	Staatenl. F	Wirtschafterin
61.	Böhm Hermine KV.	26.10.14 Negrovo	Staatenl. F	Schneiderin
62.	Baer Israel Leopold AB.3431	15.2.99 Karlsruhe	Staatenl. H	Kaufmann
63.	Stieglitz Chana KV.	21.4.18 Zabno	Staatenl. F	Regenmäntel-Kleberin
64.	Rein Klara KV.	28.4.06 Yaroslav	Staatenl. F	Stenotypistin
65.	Manaster (MANASTER) Markus (Markus) AB.5?16	30.10.? Rrzeszow	Staatenl. H	Pelzarbeiter
66.	Singer Malka KV.	5.11.02 Olpiny	Staatenl. F	Hausfrau
67.	Zylberberg Berek Lejb AB 5177 (époux de MIGDAL, M)	14.2.?1 Konski	Staatenl. H	Schneider
68.	Birnbaum Edith KV.	25.8.15 Wien	Staatenl. F	Modistin
69.	Frankfurter Bernhard (Israel) AB. 3422	28.8.97 Heusenstamm	Staatenl. H	Koch
70.	Markovits (-ova) Rosalie KV.	23.4.17 Velko (Ida)	Staatenl. F	Fabrikarbeiteri
71.	Langner Simon AB.3456	16.4.91 Wilno	Staatenl. H	Kraftfahrzeug-führer

Bild 56: Am 1.8.1940 wird Bernhard Frankfurter von Brüssel nach Auschwitz verschleppt.

Frankfurter, Bernhard	* 28.08.1897	Heusenstamm Bruder von Moritz Frankfurter
	13.08.1925	Heirat mit Anna Wirth
	1934	Lagerhaft in Osthofen, Gefängnishaft in Butzbach
	Mitte 1938	Vorbeugehaft im KZ Sachsenhausen und im KZ Buchenwald
	25.08.1939	Zwangsausreise nach Brüssel
	25.11.1941	Ausbürgerung („apatride")
	11.09.1942	im Alter von 45 Jahren aus Mechelen/Belgien nach Auschwitz verschleppt[1]
Frankfurter, Anna geb. Wirth	* 20.01.1902	Langenleiden
	13.08.1925	Heirat mit Bernhard Frankfurter
	01.07.1940	endgültiger Umzug nach Offenbach
	20.05.1943	Scheidung

1 „Es gibt keine Hinweise auf den Tod von Bernhard Frankfurter. Aber er ist in dem Transport nach Auschwitz gewesen. Wenn es keine Sterbeurkunde in Auschwitz gibt, keine Immatrikulationskarte im Lager Auschwitz, keine Spur in einem anderen KZ, dann können wir annehmen, dass diese Person während ihrer Deportation umgekommen ist." Auskunft vom 24.9.2007 aus dem Zentrum der Deportation und des Widerstands Mechelen (Malines), Belgien

Bild 57: Belegschaft der Firma Franz Held, Kirchgasse, vor 1930 um 1925 m. E
(Moritz Eckmann stehend obere Reihe links, Simon Eckmann 2. Reihe, 3. von rechts)

16.

„Osterlazei gab's nur bei der Frau Eckmann"

Familie Eckmann – Schloßstraße 17

Auch die Familie Eckmann gibt es seit langem in Heusenstamm. 1885 wird ein Moses Eckmann hier Religionslehrer der Jüdischen Gemeinde. 1910 feiert er sein 25. Dienstjubiläum im Saal „Zum weißen Roß"[83]. Er stirbt 1927 in Heusenstamm und ist auf dem Heusenstammer jüdischen Friedhof beerdigt.

Seine Familie bewohnt die untere Etage des Hauses Schloßstraße 17/19 im Stockwerkeigentum, d.h. die Nr. 17.

Hier leben 5 Personen. Rebekka Eckmann, die Frau von Moses Eckmann und die älteste hier, stirbt 89-jährig am 20.2.1939 in Heusenstamm. Auch sie hat ihr Grab auf dem jüdischen Friedhof in Heusenstamm. Ihre Söhne Moritz und Simon Eckmann arbeiten beide in der Portefellerwerkstatt Franz Held in der Kirchstraße. Moritz Eckmann arbeitet als Feintäschner, Simon Eckmann als Zuschneider.

Seit 1904 bzw. 1906 sind die Brüder Mitglieder im Turnverein Heusenstamm (TV), 1929 und 1931 feiern sie ihr 25. Jubiläum. Moritz Eckmann ist außerdem lange Jahre Sänger in der Gesangsriege des Vereins. Als 1933 der Arierparagraph, vom Turnverein Heusenstamm wie von den anderen noch zugelassenen Vereinen eingeführt, den Ausschluss der jüdischen Mitglieder fordert, müssen die Eckmanns den Turnverein verlassen.[84]

Moritz Eckmann heiratet Johanna Frankfurter. Sie haben eine Tochter, Beatrice. 1928 kommt sie in die Schule, verlässt diese jedoch, wie alle jüdischen Kinder und Jugendlichen aus Heusenstamm, 1935. Alle, die sich an sie erinnern können, berichten, dass sie „ein Bild von einem Mädchen" gewesen sei, „mit ihrem roten gedrehten Zopf eine Schönheit !" (Frau Seipel)

Und Frau Seipel erinnert sich weiter: „Da soll's in Offenbach einen Polizisten gegeben haben, der ein Auge auf die Beatrice geworfen hat... und der hat dann eine Verwarnung bekommen.....das hat man so erzählt."

---

83 Vgl. Dittrich, a.a.O., S.16

84 Vgl. Auszug aus der TSV-Chronik, vgl. Dokument

Bild 58: Johanna Frankfurter, später verh. Eckmann, ca. 1910
bei der Mädchenriege des TV

Bild 59: Beatrice Eckmann, halb verdeckt rechts hinter Bertha Frankfurter
beim Treffen des Turnvereins 1935

Auch Frau Vogel erinnert sich: „Mein Schwiegervater, das war der Lehrer, spätere Rektor Vogel, hat erzählt, dass die Beatrice auf seine Frage, was sie sich denn am allermeisten wünschen würde, geantwortet hat: Dass meine Eltern und ich lange Zeit glücklich miteinander leben."

Beatrice lernt Schneiderin und muss täglich nach Offenbach fahren. Frau Anna Bauer weiß noch: „Plötzlich durfte die Beatrice nur noch auf der Plattform vom Zug draußen stehen. Wenn wir sie gerufen haben von drinnen, hat sie nur stumm auf ihren Stern am Mantel gezeigt. Als sie ihren Stern tragen musste, hat sie immer ein Täschchen vorgehalten."[85]

Familie Eckmann lebt bescheiden. „Die waren arm, die Eckmanns." (Frau Seipel)

Alle Zeitzeugen, heute meist 80 Jahre und älter, damals zwischen 10 und 16 Jahren, erinnern sich an das Kräutchen, das in Frau Eckmanns Garten wuchs:

„Kennen Sie Osterlazei? Das ist ein Kraut, das für Maria Würzweih geweiht wird. Da brauchte man 21 Kräuter! Aber Osterlazei gab es nur bei der Frau Eckmann im Garten. Alle Kinder haben's bei ihr geholt. Jeder hat's gekriegt." (Frau Seipel)

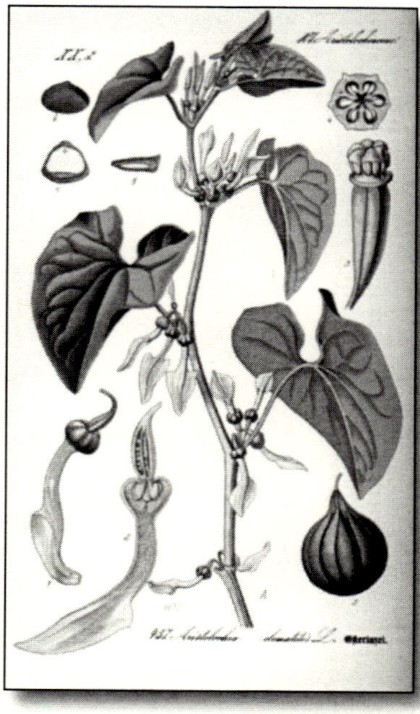

Osterluzei oder auch mundartl. Osterlazei ist eine giftige Pflanze, die zwischen Mai und Juni blüht. Sie bildet gelbe, tütenförmige Blüten aus.
Seit dem Altertum gilt sie als Heilpflanze und wurde besonders bei der Geburtshilfe, auch bei Schlangenbissen eingesetzt.
In vielen katholischen Gebieten gehört Osterluzei zu den Pflanzen, die an Mariä Himmelfahrt – Maria Würzweih – am 15. August gesammelt und zur Weihe in die Kirche gebracht werden mussten. In Heusenstamm mussten die Kinder 21 Kräuter, darunter Osterluzei, sammeln und in der Kirche segnen lassen.

85 Ab September 1941 mussten die Juden den Stern sichtbar außen an der Kleidung tragen.
Vgl. Polizeiverordnung vom 1.9.1941, StA Heusenstamm, Abt.XIII, Abschn.1,Konv.1,Fasz.44

- 13 -

Lfd. Nr.	Zuname	Vorname	Fam. Stand	Geburtsdatum	Wohnort und Straße
513	Windecker	Siegfried J.	ledig	15. 1.24	Offenbach, Wilhelmstr. 38
514	Winkler geb. Höber	Ida S.	verh.	24. 3.83	" Buchrainweg 9
515	Wolf	Julius J.	verh.	27. 1.81	" Domstr. 66
516	Wolf geb. Wolf	Jettchen S.	verh.	26.10.77	" " 66
517	Wolf	Siegfried J.		19. 3.14	" " 66
518	Wolf geb. Andre	Ida S.	verw.	7.12.83	" Hospitalstr. 1
519	Wolf geb. Stiefel	Ilse S.	verh.	1. 5.09	" Domstr. 66
520	Wolf geb. Simon	Mathilde S.	verw.	29. 8.83	" Feldstr. 25
521	Wolf	Ernst J.		13. 8.82	" Frankf. Str. 99
522	Wolf	Louis J.	verh.	4. 4.84	" Kl. Biergr. 31
523	Wolf ? Liebrecht	Alice S.	verh.	23. 9.93	" " " 31
524	Wolf	Martha S.		17. 2.93	" Luisenstr. 84
525	Wolfstein Dr.	Leo J.	verh.	31. 1.82	" Mittelseestr. 34
526	Wolfstein geb. Schwabe	Paula S.	verh.	1. 4.96	" " 34
527	Zuckermann geb. Weinstock	Mathilde S.	verw.	29. 6.80	" Geleitstr. 36
528	Katz	Moritz J.	verh.	16. 5.79	Bürgel, Offenbacherstr. 7
529	Katz geb. Frankfurter	Lina S.	verh.	24. 5.95	" " 7
530	Reiß	Irene S.	ledig	24. 9.09	" " 7
531	Reiß	Gertrude S.	ledig	15.12.13	" " 7
532	Steigerwald geb. Sundermann	Jenny S.	verw.	13. 7.79	" Sternstr. 12
533	Steigerwald	Minna S.		14.11.12	" " 12
534	Appel	Bernhard J.	verh.	22.10.82	Dietesheim
535	Appel geb. Rosenthal	Rosa S.	verh.	25. 4.87	"
536	Appel	Berta S.	ledig	24. 6.91	"
537	Appel	Johanna S.	ledig	2. 3.94	"
538	Wolf	Josef J.	verh.	4. 5.99	"
539	Wolf geb. Reis	Recha S.	verh.	6. 7.00	"
540	Eckmann	Moritz J.	verh.	20. 1.88	Heusenstamm
541	Eckmann geb. Frankfurter	Johanna S.	verh.	1.11.89	"
542	Eckmann	Beatrice Mathilde S.		1. 6.22	"
543	Eckmann	Simon J.	ledig	1. 6.89	"
544	Hirschmann	Emil J.		11. 5.78	Klein-Auheim
545	Hirschmann geb. Strauß	Henriette S.	verw.	25.10.84	" "
546	Löb	Jakob J.	verh.	31. 5.05	" "
547	Löb geb. Strauß	Betty S.	verh.	22. 1.12	" "
548	Löb	Bela S.	ledig	29. 7.39	" "
549	Chmielnicki	Dora S.		21. 8.01	Mühlheim
550	Chmielnicki	Sonja S.	ledig	24.10.27	"
551	Chmielnicki	Arno J.	ledig	6.11.31	"
552	Fritz	Paul J.		23.12.98	"

Bild 60: Kopie aus der Deportationsliste vom 30.9.1942 nach Polen. Die Eckmanns sind unter den Verschleppten

Moritz und Simon Eckmann werden nach dem Novemberpogrom am 10. November 1938 wie alle anderen jüdischen Familienvorsteher in Heusenstamm nach Buchenwald ins KZ gebracht. Moritz Eckmann wird am 17.12.1938, Simon Eckmann erst am 27. Januar 1939, als letzter der Heusenstammer Juden nach Hause entlassen. Auch sie erhalten die Aufforderung, umgehend ihre Auswanderung einzuleiten und absolutes Schweigen über alle Vorgänge in Buchenwald zu wahren. Warum Eckmanns noch bis 1942 in Heusenstamm blieben, weiß keiner der Zeugen. Warum sie so lange in Heusenstamm geduldet wurden, bleibt ebenfalls offen. Im Lagebericht des Bürgermeisters 1942 heißt es:

„In Heusenstamm befindet sich noch eine jüdische Familie, die zurückhaltend lebt."[86]

Nach allem, was wir über die Situation der Juden im Deutschland von 1942 wissen, hätte die Familie ohne Hilfe „von nebenan", d.h. von den Heusenstammer Nachbarn, kaum alleine existieren können.

1941/42 war diese Unterstützung auch für die Helfer gefährlich. Ein Sack Kartoffeln, den Nachbarn der Familie Eckmann verkauften, gab Anlass für eine Denunziation bei der Offenbacher Kreisleitung der NSDAP.[87] Die Repressionen, die Verbote und rigorosen Einschränkungen in allen Lebensbereichen machten das Über-Leben zur körperlichen und seelischen Tortur.

Anfang Juni 1942 wird die Familie Eckmann von der Gestapo verhaftet. An der „Wasserburg", einer Gaststätte am östlichen Ortsausgang, da, wo heute das Schlosshotel steht, wird Moritz Eckmann zusammen mit seiner Frau Johanna, der Tochter Beatrice und dem Bruder Simon zu anderen Juden auf einen Laster geladen.

„Ich erinnere mich noch, wie eingeschüchtert das Eckmann-Mädchen geguckt hat. Der Fahrer ist dann mit Begleitung in die Wasserburg essen gegangen. Die ganze Zeit über mussten die Juden total verängstigt auf dem Laster sitzen. Keiner hat gewusst, wohin sie kamen."[88]

Damit gibt es in Heusenstamm keine Juden mehr.

---

86 Vgl. Bürgermeisterbericht, StA Heusenstamm, Abt. XIII, Abschn. I

87 Vgl. Sammlung Dr. Paul Arnsberg, Akte 269, Jüdisches Museum Frankfurt, mit freundl. Genehmigung

88 Aussage von Frau O., Heusenstamm, Anfang der 1980er Jahre

Die Eckmanns werden nach Offenbach auf ein Gelände neben der großen Synagoge in der Goethestraße gebracht, das als Sammelstelle dient. Von dort schleppt die Gestapo sie nach Darmstadt in die Liebig-Oberrealschule. Am 30. September 1942 wird die Familie Eckmann vom Güterbahnhof, der Verladestelle für die „Sonderzüge“ nach Osten, ins besetzte Polen deportiert. Wahrscheinlich sind alle Familienmitglieder kurz nach ihrer Ankunft im Vernichtungslager Treblinka ermordet worden.

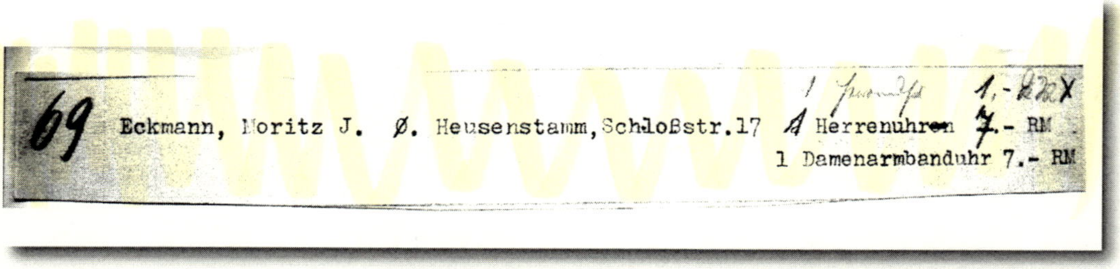

69 Eckmann, Moritz J. Ø. Heusenstamm, Schloßstr.17 1 Herrenuhren 7.- RM
1 Damenarmbanduhr 7.- RM

Bild 61: Moritz Eckmann werden die Uhren abgenommen

Eckmann, Moses	∗ 15.05.1853	
	1885	Religionslehrer der Jüdischen Gemeinde Heusenstamm
	† 05.03.1927	Heusenstamm, Grab auf dem jüdischen Friedhof
Eckmann, Rebekka geb. Gamberg	∗ 03.01.1850	Heusenstamm in erster Ehe verh. mit Wolf Kahan (Vater von Fanny Reinhardt)
	14.10.1885	in zweiter Ehe verh. mit Moses Eckmann
	† 20.02.1939	Heusenstamm, Grab auf dem jüdischen Friedhof
Eckmann, Moritz	∗ 20.01.1888	Heusenstamm Heirat mit Johanna Frankfurter
	10.11.1938	Haft im KZ Buchenwald (5 Wochen)
	30.09.1942	im Alter von 54 Jahren von Darmstadt nach Polen deportiert wahrscheinlich in Treblinka ermordet
Eckmann, Johanna geb. Frankfurter	∗ 01.11.1889	Heusenstamm Heirat mit Moritz Eckmann
	30.09.1942	im Alter von 53 Jahren von Darmstadt nach Polen deportiert wahrscheinlich in Treblinka ermordet
Eckmann, Simon	∗ 01.06.1889	Heusenstamm, Bruder von Moritz Eckmann
	10.11.1938	Haft im KZ Buchenwald (5 Wochen)
	30.09.1942	im Alter von 53 Jahren von Darmstadt nach Polen deportiert wahrscheinlich in Treblinka ermordet
Eckmann, Beatrice Mathilde	∗ 01.06.1922	Heusenstamm
	30.09.1942	im Alter von 20 Jahren von Darmstadt nach Polen deportiert wahrscheinlich in Treblinka ermordet

Es ist vorbei – nie – ist es vorbei

Wie einzelne Steine in einem Mosaik lagen die vielen Hinweise und Daten vor uns, die wir über die jüdischen Familien aus Heusenstamm fanden, über ihr Leben hier im Ort, über den Prozess ihrer Ausgrenzung und über ihren gewaltsamen Tod. Mit Hilfe der Informationen, die wir in Berichten von Überlebenden des Holocaust lasen, und mit den Erinnerungen und Bildern der Heusenstammer, die die Zeit des Nationalsozialismus noch erlebt haben, begannen wir, daraus das Bild zu entwickeln, das jetzt vorliegt.

Unsere Versuche, hinter den Namen und Daten der Opfer etwas über ihre Lebensgeschichten zu erfahren, glichen der Spurensuche von Detektiven. Die Fakten, die unsere Recherchen brachten, gaben den Rahmen. Welche Hoffnungen und zugleich Ängste Menschen haben, die auf ihr Visum für die Auswanderung warten, welchen verzweifelten Gefühlen sie ausgesetzt sind, wenn sie sich von ihren Kindern trennen müssen und nicht wissen, was mit ihnen geschehen wird, welche Trauer oder welcher Zorn sie befällt, können wir nur ahnen. Vieles war für uns schwer aushaltbar. Wir begriffen langsam, wie wenig Zeit es bedurfte, aus den Nachbarn in der Straße, den Turnkollegen im Verein, den Händlern, bei denen man einkaufte, und aus den Mitschülern und Freunden Ausgegrenzte zu machen.

Unsere Darstellung liefert Bruchstücke aus den Lebensgeschichten. Wir hoffen aber, dass sie dazu beiträgt, die jüdischen Heusenstammer, die hier früher neben uns wohnten, nicht zu vergessen.

Zu zwei Überlebenden und ihren Familien haben wir versucht einen Kontakt herzustellen. Wir hoffen noch auf eine Reaktion.

Vielleicht regt die Arbeit dazu an, gelegte Spuren weiter zu verfolgen.

Vielleicht führt sie dazu, an andere Heusenstammer zu erinnern, die in unserer Stadt während der Zeit des Nationalsozialismus nicht mehr leben durften, zwangssterilisiert und in Anstalten isoliert wurden, weil sie psychisch krank oder körperlich behindert waren.

Oder sie trägt dazu bei, nach den Menschen zu fragen, die aus ihren Familien gerissen und aus ihrer Heimat verschleppt wurden und hier in vielen Betrieben, Geschäften und Haushalten Zwangsarbeit leisten mussten, oft unter menschenunwürdigen Bedingungen.

Anmerkung: Die Überschrift nimmt den Text der ersten Strophe des Gedichts „Vorbei" von Rose Ausländer auf. In: Rose Ausländer, Mein Atem heißt jetzt, Frankfurt 1981, S. 100

Literatur

Arnsberg, Paul	Die jüdischen Gemeinden in Hessen Anfang – Untergang – Neubeginn , Bd. 1, Frankfurt/Main 1971
Ausländer, Rose	Mein Atem heißt jetzt (darin 2 Gedichte: „Nicht vergessen II", S.24, vgl. Titel: „Vorbei", S.100, vgl. Schlusskapitel) Frankfurt/Main 1981
Beez, Gisela, Fischer, Brigitte	Spurensuche: NS-Zeit in Heusenstamm, Heusenstamm 1990
Diamant, Adolf	Durch Freitod aus dem Leben geschiedene Frankfurter Juden 1938 – 1943 Frankfurt/Main 1983
Dittrich, Alfred	Aus der Geschichte der jüdischen Kultusgemeinde in Heusenstamm (Heusenstammer Hefte 2) Heusenstamm 1989
Gottwaldt, Alfred, Schulle, Diana	Die „Judendeportationen" aus dem Deutschen Reich 1941 – 1945 Wiesbaden 2005
Hess, Renate u.a.	Juden-Deportationen aus Darmstadt 1942/43 Darmstadt 1992
Initiative „Gedenkort Güterbahnhof Darmstadt" (Hg.)	Darmstadt als Deportationsort Darmstadt 2004
Jüdisches Museum der Stadt Frankfurt/Main (Hg.)	„Und keiner hat für uns Kaddish gesagt" Deportationen aus Frankfurt 1941 – 1945 Frankfurt 2004
Kingreen, Monica	Jüdisches Leben in Windecken, Ostheim und Heldenbergen Hanau 1994
Kingreen, Monica	Gewaltsam verschleppt aus Frankfurt Die Deportationen der Juden in den Jahren 1941 – 1945 In: Kingreen, Monica, „Nach der Kristallnacht" Jüdisches Leben und antijüdische Politik in Frankfurt am Main 1938 – 1945, Ffm, New York, 1999 S. 357 - 402

Klemperer, Victor	Ich will Zeugnis ablegen bis zum letzten Bd. 2, Berlin 1995
Kommission zur Erforschung der Geschichte der Frankfurter Juden (Hg.)	Dokumente zur Geschichte der Frankfurter Juden 1933 - 1945 Ffm 1963 (darin: Bericht von Lina Katz, S.508)
Lowenstein, Steven, u.a.	Deutsch-jüdische Geschichte in der Neuzeit Bd. 3, München 1997
Maierhof, Gudrun	Selbsthilfe nach dem Novemberpogrom Die Jüdische Gemeinde in Frankfurt am Main 1938 – 1942 In: Kingreen, Monica, Nach der „Kristallnacht" Frankfurt, New York 1999, S. 157 - 186
Margraf, Herbert u. Spohn, Reinhard (Hg.)	Heusenstamm, Schätze aus Familien-Alben Reihe Archivbilder, Erfurt 2005
Meinl, Susanne; Zwilling, Jutta	Legalisierter Raub: Die Ausplünderung der Juden im Nationalsozialismus, Frankfurt 2004
Stein, Harry	Juden in Buchenwald 1937 – 1942 Weimar 1992
Stein, Harry	Das Sonderlager im Konzentrationslager Buchenwald nach den Pogromen 1938 In: Kingreen, M., „Nach der Kristallnacht".. s.o., S. 19 - 54
Werner, Klaus	Zur Geschichte der Juden in Offenbach am Main, Bd. 1, Offenbach 1988
Turn- und Sportvereinigung 1873 e.V. Heusenstamm (Hg.)	125 Jahre TSV Heusenstamm Heusenstamm 1998
Turn- und Sportvereinigung 1873 e.V. Heusenstamm	Chronik 1910 – 1945, handgeschrieben

Gedenkbücher	Opfer der Verfolgung der Juden unter der nationalsozialistischen Gewaltherrschaft in Deutschland 1933 – 1945, Bde I – IV Bundesarchiv 2006, 2. Auflage
Inst. Theresienstädter Initiative (Hg.) Academia, 2000	Theresienstädter Gedenkbuch Die Opfer der Judentransporte nach Theresienstadt 1942 – 1945, Berlin 2000
Paristwowe Muzeum na Majdanju (Hg.)	Gedenkbuch Majdanek „Majdanek 1942 – The Book of the Prisoner Deaths" Lublin 2004
Stadt Heusenstamm	An- und Abmeldebücher der Gemeinde Heusenstamm von 1910 – 1941
Stadtarchiv Heusenstamm	Judenkartei 1935 – 1941
Standesamt der Stadt Heusenstamm	Heirats- und Sterbeakten
Institut für Stadtgeschichte Frankfurt	Hausstandsbuch 67 (Holzgraben 11)
Stadtarchiv Offenbach/Main	An- und Abmeldebücher 1938/1939
Stadtarchiv Offenbach/Main	Hausaktenarchiv
Hessisches Staatsarchiv Darmstadt (HStA Da)	Ausgewählte Akten (s. lf. Text)
Hessisches Hauptstaatsarchiv Wiesbaden (HHStA Wi)	Ausgewählte Akten (s. lf. Text)
Jüdisches Museum Ffm Archiv	Paul Arnsberg, Die jüdischen Gemeinden in Hessen Bilder – Dokumente, Akte 269 Heusenstamm
Jüdisches Museum Ffm Archiv	Datenbank der Frankfurter Opfer des Holocaust Texte. Zeitsprung. Kontor für Geschichte Frankfurt 1996 - 2007
Internetportal Frankfurt	www.frankfurt1933-1945.de

Bildnachweis

Bild 1: Privatbesitz
Bild 2: StA Heusenstamm
Bild 3: StA Heusenstamm
Bild 4: Privatbesitz
Bild 5: Bildarchiv TSV, Text aus: www.alemannia-judaica.de/heusenstamm
Bild 6: Bildarchiv TSV Heusenstamm
Bild 7: Bildarchiv TSV Heusenstamm
Bild 8: Privatbesitz
Bild 9: TSV Archiv Heusenstamm
Bild 10: TSV Archiv Heusenstamm
Bild 11: StA Heusenstamm, Inv I, S.99, Fasz.35
Bild 12: StA Heusenstamm, Inv I, S.99, Fasz.35
Bild 13: StA Heusenstamm, Inv I, Fasz.10
Bild 14: StA Heusenstamm, Inv I
Bild 15: StA Heusenstamm, Inv I, S.97, Fasz.14
Bild 16: StA Heusenstamm, Abt. XIII, Ab.1, Konv.1, Fasz.15
Bild 17: ThHStA Weimar, Konzentrationslager Buchenwald, Geldkarte Simon Eckmann (Häftlingsnummer 25837), mit freundl. Genehmigung
Bild 18: Privatbesitz
Bild 19: StA Heusenstamm, Abt. XIII, Ab.1, Konv.1, Fasz.34
Bild 20: HHStA Wiesbaden, Abt.519/3, Nr.5796-5798
Bild 21: HHStA Wiesbaden, Abt.676, Nr.86
Bild 22: HHStA Wiesbaden, Abt.519/3, Nr.5796-5798
Bild 23: HHStA Wiesbaden, Abt.519/3, Nr.31664
Bild 24: StA Heusenstamm
Bild 25: StA Heusenstamm
Bild 26: StA Offenbach
Bild 27: StA Offenbach
Bild 28: Initiative Gedenkort Güterbahnhof Darmstadt, 2007
Bild 29: Privatbesitz
Bild 30: Sammlung Monica Kingreen
Bild 31: Privatbesitz

Bild 32: Sammlung Monica Kingreen
Bild 33: HHStA Wiesbaden, Abt.519/3, Nr.31664
Bild 34: HHStA Wiesbaden, Abt.676, Nr.86
Bild 35: HHStA Wiesbaden, Abt.676, Nr.86
Bild 36: HHStA Wiesbaden, Abt.676, Nr.86
Bild 37: Privatbesitz
Bild 38: Privatbesitz
Bild 39: Privatbesitz
Bild 40 und 41:HHStA Wiesbaden, Abt.519/3, Nr.30526
Bild 42: Internetportal www.frankfurt1933-1945.de,
mit frdl. Genehmigung des Frankfurter Instituts für Stadtgeschichte
Bild 43: Bildarchiv TSV Heusenstamm
Bild 44: Privatbesitz
Bild 45: Privatbesitz
Bild 46: HHStA Wiesbaden, Abt.518, Nr.24825
Bild 47: HHStA Wiesbaden, Abt.676, Nr.4034
Bild 48: StA Heusenstamm
Bild 49: HHStA Wiesbaden, Abt.676, Nr.4034
Bild 50: Institut für Stadtgeschichte Frankfurt, mit freundl. Genehmigung
Bild 51: HHStA Wiesbaden, Abt.676, Nr.4034
Bild 52: HStA Darmstadt, G27, Nr.314
Bild 53: HStA Darmstadt, G27, Nr.314
Bild 54: StA Butzbach
Bild 55: StA Heusenstamm
Bild 56: Museum der Deportation und des Widerstands, Mechelen, Malines, Belgien
Bild 57: StA Heusenstamm
Bild 58: Bildarchiv TSV Heusenstamm
Bild 59: Bildarchiv TSV Heusenstamm
Bild 60: Initiative Gedenkort Güterbahnhof Darmstadt
Bild 61: HHStA Wiesbaden, 519-2, 2382, Effekten, Moritz Eckmann